本の虫

二人抄

古田一晴 Kazuharu Furuta
劉 永昇 Eisho Ryu

ゆいぽおと

本の虫　二人抄

目次

2017

2018

2019

2020

2021

2022

2023

はじめに

この本は、朝日新聞名古屋本社版に約一〇年にわたって連載したコラムを単行本にまとめたものである。タイトルが示すように連載の趣旨は「本にまつわる四方山話」というゆるやかなものだったが、執筆者に起用されたのはそれぞれ異なる立場から「本」を生業《なりわい》とする三人の「虫」どもであった。

古田一晴さんは名古屋の新刊書店の店長。選書の見事な棚づくりは「古田棚」と呼ばれ、全国的に有名なカリスマ書店員。共著者のわたしは、名古屋の小出版社の編集長。もう一人は、やはり名古屋で古書店を営む鈴木創さん（本書に鈴木さんのコラムは未収録）。書き手はいずれも本の世界に巣食う虫たちだが、生息域はそれぞれ違い、自ずと原稿の内容にその差異があらわれてくる。なかなか上手い仕掛けと思う。そもそもこのリレーコラムを企画した張本人は朝日新聞文化部記者だった佐藤雄二さんで、彼のたくらみにわたしたちはまんまと乗っかり、毎回思い思いの四方山話を自由勝手に書き綴り、佐藤さんが新聞社を離れた後も、連載は現在なお続いているのである。

それにしても一〇年といえば長い年月だ。それを一冊の本にまとめると一体どんなふうに読めるのか、書籍編集が本業のわたしにもちょっと想像できなかった。当時の社会の情勢や事件・出来事から着想した原稿もあるから、古びてつまらなくなったものはカットするしかないと思ってゲラに向かった。だが意外にも（？）最後まで飽きることなく読み通せたのは、書き手がかわりばんこに登場する編集のおかげと思う。ゆいぽおとの山本直子さんに感謝したい。それぞれのコラムの最後には掲載日も入っているし、読者の皆さんには日付を見て当時を思い起こしながら読むのも一興なのではないか。

最後に本書の書名についてひとくさり。「二人抄」は「ににんしょう」と読む。前述の通り連載コラムの三人の書き手のうち二人の原稿を収録していることが由来の一つ。もう一つは、わたしたち送り手から読者である「あなた」へ、本書がしっかりと届きますようにという願いを込めて。

劉永昇

本の虫　二人抄

北條民雄、77年後の帰郷

作家・北條民雄が今年77年ぶりの〝帰郷〟を果たした。生きて帰ったわけではない。生身の彼は、1937（昭和12）年に23歳の若さで亡くなっている。故郷徳島から遠く離れた東京のハンセン病療養所「多磨全生園」で客死したのだ。

18歳で療養所に入った民雄は、所内での創作活動を通じて川端康成の知遇を得、36年『**いのちの初夜**』を発表する。療養所入所の実体験に基づく衝撃作は、一躍ベストセラーとなった。翌年、民雄は結核で亡くなる。5年に満たぬ創作期間だった。

民雄が生きた昭和初期、時代は年ごとに戦時色を強め、ハンセン病に対する偏見と差別もまた苛烈《かれつ》さを強めていった。〝民族浄化〟の名のもとに始まった「無らい県運動」は、密告を奨励し、患者の摘発、隔離、絶滅をもくろむ排除運動だった。

これに全国で最も早く取り組んだのが愛知県だった。29年に民間運動として開始して以来、連綿と患者を療養所に送り続けた。『ハンセン病の記録』（愛知県）によれば、「らい予防法」廃止から7年たった２００３年になっても、なお１６７人の愛知県出身者が故郷に戻れず各地の療養所で生活していた。

『いのちの初夜』は現在も版を重ね、累計27万４０００部に達するという。距離と時間を超えて、読む者の眼前に問題を引き据える。それが書物の力だろう。77年かけて叶《かな》った本名「七條晃司」の回復と帰郷を、希望のバトンにできるかどうか。問われているのは、彼らを置き去りにしてきた私たちだ。本稿執筆の９月22日は、民雄１００回目の誕生日である。

２０１４年10月12日
劉永昇

「震災後」を語る対照的な二冊

東日本大地震と福島第一原発事故が起きてから、みんなそれぞれ試行錯誤、今の時代や生き方を考える本がたくさん出ている。せっかくの機会なので、新刊書を2冊、紹介したい。

ひとつは、加藤典洋の『**人類が永遠に続くのではないとしたら**』(新潮社)。人類史上最大の大規模産業事故で大きくあいた穴を、国も企業も、決して埋め戻すことができない。「成長の限界」を警告する本は50年ぐらい前から出ているが、このまま行ったら人類が消えてしまうという危機意識をもって、この本は書かれている。地球と社会を持続させていくにはどうすればいいかを探っている。

もうひとつは、『現代の超克』（ミシマ社）。筆者は政治哲学者の中島岳志と批評家の若松英輔。若い2人が大震災後に何度か対談し、往復書簡ふうに編集した本だ。柳宗悦の『南無阿弥陀仏』、ガンジーの『獄中からの手紙』、『近代の超克』という戦時中の知識人の論文集。そういうのを読み直すことで、これまで無視したり読み誤ったりしてきたために日本がこうむってきた損失を取り戻そうとしている。

ざっくばらんに言うなら、60代の加藤には先を見通せない絶望感があり、一世代下の中島や若松たちは、自信を持って日本の遺産を再評価している。なんとなく対照的だが、どちらの本にも力のこもった瀬戸際の発言が詰まっていて読み応えは十分だ。

お客さんの本選びに口出しするのは書店人として御法度《ごはっと》なのだが、「こういうものを読まないとダメだよ」って言いたくなるぐらいの本だと思う。

2014年10月26日
古田一晴

ロングセラーが呼んだ縁

「風媒社のベストセラーは？」と尋ねられることがあり、いつも答えに迷う。過去にミリオンセラーでも出しているならともかく、一介の地方出版社にとっては、その50分の1、100分の1でも売れれば〝大ヒット〟だから、一冊を選ぶのは難しい。

むしろロングセラーにこそ出版社の個性は現れる。商品としての本の寿命がどんどん短くなるご時世だが、風媒社には比較的ロングセラーが多いと思う。とくにガイドブックのジャンルには息長く売れ続ける本がいくつかある。一つ挙げるとすれば、『愛知の100山』（あった勤労者山岳会・編）だろう。初版発行（1989年）以来、着実に版を重ね、現在は『**こんなに楽しい愛知の130山**』となって店頭に並んでいる。ガイドブックは地域に根ざした企画が主で、読者と出版社の距離も近い。そうした本は、地道に永く愛してもらえるのだ。

数年前、こんな電話をいただいた。

「130山を全部登りたいのに本がバラバラになった。不良品だから取り換えてほしい」

電話口で謝罪し、着払いで現物を送ってくれるようお願いした。数日後届いたのは、ボロボロになった本の残骸だった。文章にはラインマーカーが何重にも引かれ、余白は書き込みだらけ。付箋の跡があちこち残り、破れたページはセロハンテープで補修されていた。ここまで使い込めばバラバラになるだろうなと、なにか嬉しいような気持ちで新しい本にメモを挟んで送った。「特別に交換します。全山踏破したら感想を送ってください」。いつか届くかなと気長に待っている。

2014年11月23日
劉永昇

出版デザインを変えた雑誌

『工作舎物語　眠りたくなかった時代』（左右社）が出た。工作舎は松岡正剛が1971年に立ち上げた出版社で、工作舎といえば『遊』である。82年末までの10年間に約50冊が刊行された雑誌『遊』は、日本の出版デザイン史に画期的な成果を残したことで知られる。文字の種類やレイアウト、装丁、製本まで、まずは目に訴えるデザイン重視の編集をさまざまに実践し、見栄えのしないデザインに甘んじていた人文学術系の書籍の容姿を豊かにする流れをつくった。

美術雑誌編集長をしていた臼田捷治《うすだしょうじ》による本著は『遊』の編集にかかわった人たちの証言を集め、工作舎の草創期をたどる。『遊』の愛読者は「遊軍」と呼ばれ、その中から事務所に出入りする若者も現れ、「舎員」に鍛えられるうちにそのまま本の世界の仕事人になった者が何人もいる。証言者のトリを務めているカリスマ的なブックデザイナー、祖父江慎もその一人だ。荒俣宏や宮藤官九郎、しりあがり寿や吉田戦車の本を仕上げてきた。夏目漱石の本の活字書体研究でも有名で、祖父江版「心」が岩波書店からこのほど本になった。本が本であることにこだわった優れた仕事といえる。

祖父江は名古屋生まれの55歳。本の中で、小遣いが少なくて欲しい本がなかなか買えなかった予備校時代を振り返っている。昼休みになると、うちの店に立ち読みに来て、しおり代わりにスリップを移動しながら、本を読み継いだという。「塾よりも、ちくさ正文館に育ててもらっていた気がする」という言葉を読み、熱いものを感じた。

2014年12月14日
古田一晴

名古屋空襲70年をマンガで描く

2015年は地下鉄サリン事件、阪神大震災から20年、サイゴン陥落から40年、そして第二次世界大戦敗戦から70年目にあたる大きな節目の年だ。出版各社では、それらを期してさまざまな企画が進んでいることだろう。

敗戦70年に向けて連載の進む『あとかたの街』（おざわゆき・講談社）という漫画がある。戦争末期の名古屋を舞台に、国民学校高等科に通う主人公の少女の目を通し、つましいが家族の情愛に満ちた戦時下生活の悲喜こもごもが描かれる。だが、そんなささやかな日常は、ある日来襲したB29爆撃機によってもろくも粉砕される。昭和19年12月13日以後、執《しっ》拗《よう》に繰り返された空襲を総称して「名古屋大空襲」という。投下された爆弾の重量は東京大空襲を上回るとされる。航空機産業の要地・名古屋は本土空襲のメインターゲットだったのである。国家の大義などというおぼろげなものと違い、『あとかたの街』が描く戦争は、名古屋の街と人を焼き尽くす悪魔のごとき圧倒的な殺意である。

大空襲から70年、「戦争」はいま再び身近な言葉になり始めている。近隣国との対立、沖縄県と本土の亀裂、街にあふれ出たヘイトスピーチ、集団的自衛権……。書店の平台に載る新刊書の書名や帯文、週刊誌の見出しにも「戦争」を彷彿《ほうふつ》させる字句が踊る。この歳月を、忘却のための時間とするのか。それともかつての悲劇を忘れぬための最後のピリオドとするのか。わたしたちの道は、ここから大きく分かれるのかもしれない。

2015年1月11日
劉永昇

「愛国ビジネス」に光を当てる

『愛国とレコード　幻の大名古屋軍歌とアサヒ蓄音器商会』（えにし書房）という本が出た。アサヒ蓄音器商会は、大正時代に名古屋の財閥が起こしたレコード会社だ。太平洋戦争のさなかに廃業するまで、ツルレコードやアサヒレコードといった数々のレーベルでレコードを出していた。国内業界のさきがけとなった高品質の電気録音が話題になり、東京と大阪を往来する芸能人は、名古屋に立ち寄ってラジオ出演したあと必ず同社を訪れたとされる。

最初のころは、人気があった浪花節のほか最先端のジャズや舶来ポップスを出していたが、１９３１年の満州事変あたりから、流行するのを見込んで軍歌にかじを切り、台湾や大陸にまで販路を広げた。本書は、ほとんど知られていない同社の歴史を簡潔にまとめ、同社が出した軍歌レコードを写真付きでひとつひとつ解説している。

著者の辻田真佐憲さんは、政治宣伝としての軍歌を研究する若い文筆家だ。時局に便乗した「愛国ビジネス」を検証する姿勢でまとめている。やはり戦前レコード文化の研究者で、同社のレコードをジャズ編1枚と軍歌編2枚のCDに復刻してきた保利透さんとの共同作業といっていい。

アサヒ蓄音器商会については、「愛知県史」でも「名古屋市史」でも言及されていないようだ。戦後の節目節目にメディアが好んで企画してきた回顧記事でも取り上げられることがなかったと思う。CDも本書も、名古屋の文化芸能史のミッシングリンクに光を当てた好企画といえる。

2015年1月25日
古田一晴

地方出版社の存在意義

出版不況と言われて、もう何年になるだろう。それでも本は量産され続け、2011年には書籍の年間総刊行点数が初めて8万点を突破した。バブル景気に沸いた80年代後半の2倍もの数だ。

一方で出版社の数はというと、2001年に4423社あったのが、12年後の2013年には3588社と1000社近く数を減らしている（出版ニュース社調べ）。倒産したほとんどが中小零細出版社である。潰れた事情はどうであれ、こと出版社に関しては数が減ること自体を問題にした方がいい。報道の自由度ランキングで大きく順位を下げたこの国の言論から、ますます多様性が奪われてしまうだろうから。

出版界はもともと極端な中央集中で、80％以上の出版社が首都圏にひしめく。この傾向が今後も続けば、いつかテレビ業界のように地方出版社も大手の系列下となる時代が来るかもしれない。これもまた深刻な危惧である。なぜなら地方で起きた事件の中にこそ、往々にして社会を蝕《むしば》む病理が隠されているからだ。

今なお収束できない福島第一原発の事故、沖縄・辺野古への米軍基地移転強行、どちらも中央では解決できぬ矛盾を地方に押し付けてきた果ての、歴史的悲劇である。その不条理に苦しむ住民が訴える痛みを、権力に圧し潰されて叫ぶ怒りの声を、すくい上げるのは地域の出版社にしかできない仕事だ。地方の現場から中央を照射する視界をひらくこと。規模の大小など問題ではなく、地方における出版社の存在意義はそこにある。

２０１５年２月22日
劉永昇

書店人であり続けるために

前回この欄で風媒社の劉編集長が地方出版社の苦境について書いていたが、出版された本を売る書店も相当厳しい状況に追い込まれている。1999年に2万2000店以上あったのが15年ほどで1万4000店になった。インターネット書店のアマゾンがどんどん幅をきかせ、鷗外でも漱石でも著作権が切れた作品をただで読めるインターネット文庫も登場し、本屋に足を運ぶ楽しさが全国民的に忘れ去られつつあるなかで町の本屋が消えていく。そんな感じだ。いつだったか「リアル書店」という言葉を聞いて腹が立った。冗談じゃないよ。キーボードを操作すれば事足りるネット書店に対置させる言葉なのだろうが、書店は書店、本屋は本屋なのだよ。

先日東京で「本の学校連続講座」があり、「本屋から発信できること」の題で講演した。

年明けに2階に古書店を誘致した話を中心に、『「**本屋**」**は死なない**』（新潮社）を書いた石橋毅史《たけふみ》さんとの対話形式で話をした。主催は米子市で今井書店を経営する永井伸和さんが旗揚げしたNPO。これからもずっと本屋であり続けるために何ができるかを考える書店人の集まりだ。岩波ブックセンターの柴田信さんや、創業140年という熊本市の長崎書店で働く若い児玉真也さん。志を持った人たちに出会えて愉快だった。

田辺茂一の『**わが町・新宿**』（紀伊國屋書店）が復刊された。家業の炭問屋を継がず21歳で紀伊國屋書店を開き、画廊を営み文芸誌を主宰した。新宿という地域に生きた書店人の味わい深い回想記だ。

2015年3月8日
古田一晴

時代映した「ほんやら洞」

京都の〝有名な〟喫茶店が火事で焼けたと聞いてピンとくるのは、50代以上の人がほとんどだろう。店名がすんなり出てくる人は、もう少し上かもしれない。１９７２年、ミュージシャンの岡林信康、中尾ハジメらが同志社大学近くに開店した喫茶店「ほんやら洞」は、京都の若者にとって対抗文化の拠点であり、反骨精神の宿るサロンだった。反原発の研究者やさまざまな市民運動にかかわる人たちもまたここに集い、英気を養う場所であった。

その「ほんやら洞」が焼けたのは、今年の1月16日。店主で写真家の甲斐扶佐義《かいふさよし》さんが撮影したネガ２００万コマと貴重な資料や書籍が、ともに灰燼《かいじん》に帰したという。火事映像がインターネットに流れ、文化遺産の喪失を嘆く声が続々とＳＮＳに投稿された。

鹿児島に住む作家の清水哲男さんから「ほんやら洞の本を出さないか」とメールが届いたのは、10日後の26日のこと。以前から出版の計画を立てていたが火事で頓挫。どこか出版社を紹介してほしいと、甲斐さんが旧知の清水さんに相談したという。清水さんは最初の本『**少年ジェットたちの路地**』を小社から出していることもあり、推薦してくれたのであった。

京都人（大分出身）が鹿児島人（京都出身）に相談し、名古屋の出版社に話を振るというローカルなトライアングルが面白いと思った。その後、とんとん拍子に話が進み、この4月、『**ほんやら洞日乗**』刊行のはこびとなった。人との縁が本の種子をもたらし、その本がまた新たな縁をもたらしてくれる。編集者ひとりの力など、およそたいしたことはないのである。

2015年4月12日
劉永昇

逃せない話題をつかむ才覚

暮らしの提案誌『棲《すみか》』を発行している名古屋の「自由空間」が自主企画本を出した。書名は『**大坊珈琲《だいぼうコーヒー》の時間**』。東京は南青山の表参道に店を構えて38年間、うまいコーヒーを追求してファンをうならせてきた大坊珈琲店の店主、大坊勝次さんの仕事と人生を振り返る内容になっている。

一昨年の年末に閉店する直前、名古屋から出張して取材を始めたという。週刊誌サイズ約150ページの3分の1を写真集、残りを対談集にまとめた。写真は一宮市生まれの木村一成さん、東京ほか名古屋と瀬戸で開いた対談の相手は、上京するたび店を訪れていた瀬戸市の陶芸家金憲鎬《キムホノ》さん。本を企画した兼松春実さんも参加している。

大坊さんはなかなかの人物だ。自分の目が届かないと店の良さが保てないと考えて支店を出さなかった。日本の流行最先端の場所で、自分のスタイルを変えずに頑張った。話には、むのたけじさんが出していた週刊新聞『たいまつ』を愛読していたことや、世界的に名をなした岩手県一関市のジャズ喫茶「ベイシー」のことがさらりと触れられ、盛岡生まれの大坊さんがどういう線を歩いてきた人かをうかがわせて興味が尽きない。

前回この欄で劉さんが紹介した風媒社の『ほんやら洞日乗』は京都の話題で、今回の自由空間の『大坊珈琲の時間』は東京の話題だ。たまたま題材は同じ喫茶店だが、どちらの新刊本も、逃せない話題をしっかりと受け止める編集者の才覚や人脈があってこそ生まれたといえる。名古屋から全国に、自信を持って発信できる優れた本が出ていることを、うれしく思う。

2015年4月26日
古田一晴

まず「知憲」から始めよう

これからの日本の行方を左右するであろう国家的案件が、御意見無用とばかりに駆け抜けていった感のあるこの5月。議論を避け国民を置き去りにして突き進む政府の姿勢には、立場や支持政党を超えて危惧を感じる人が多いのも当然だろう。今の政治は、「憲法の停止状態」、「事実上の国会消滅」との声が上がるほどコンセンサスを欠く。

憲法を〈改正〉することが現政権の最終目的であるのは、安倍首相みずから表明するところであり、国民投票法の整備、投票参加年齢の引き下げなど、準備は着々と進められている。それに対抗し5月3日を〈憲法懸念日〉として、改憲反対を訴える大規模な市民集会が全国各地で開かれた。

だが、最初から〈改憲〉か〈護憲〉かで色分けできない人たちが多く存在するのも事実だろう。たとえば「日本国憲法」の全文を読んだことがある人は、今や国民の何割くらいか。半数いるかどうかも、怪しいかもしれない。知らないことの是非をどうして判断できようか。だから、まず憲法を知ろう、学ぼうと、カフェ形式のイベントなどを通じて「知憲」という動きが少しずつ広まってきている。

そもそも憲法は、主権者が統治権力を規制するために定める法律。その内容を変えるかどうか、変えるならどう変えるかは、市民自身が議論し決定すべき。「知憲」はその原点に戻ろうという動きだ。2年前、小社が『**書いておぼえる日本国憲法**』を出版したのも、憲法を身近に感じてほしいとの思いからだった。幸い、在庫はまだまだある。もうひと働きしてもらわねばと思っている。

2015年5月24日
劉永昇

前衛劇団の35年を写真集に

劇団「クセックACT」の設立35周年記念誌がまもなく出版される。1980年に旗揚げし、名古屋を拠点に公演を重ねている前衛劇団だ。サミュエル・ベケットなどの作品も舞台にしているが、演目の中心は一貫してスペイン現代劇。本場のスペインでも何度か公演し、高い評価を得ている。この5月には不条理劇で名高いフェルナンド・アラバールの作品を愛知県芸術劇場で上演して大成功をおさめた。演劇が盛んな名古屋でも屈指の劇団といえるだろう。

記念誌の題名は「立つ、歩く、座る　35」。B5判横開きで116ページフルカラー、税込価格2500円の予定で準備が進んでいる。名古屋にある映像製作会社のバモスクルーから発行する。

編集者はイワタトシ子さん。30年ほど前からアーティスト・ブランドの古着ショップを名古屋で営みながら、ファッション、音楽、映像などのジャンルをまたいで多彩なイベントをプロデュースしている人だが、書籍編集はこれが初挑戦ではないだろうか。舞台の感動を伝えられる内容にと意気込んでいる。

「動く絵画」と評される斬新な舞台を創り続けている劇団人をフォーカスし、舞台ができるまでのプロセスを視覚的に捉え表現する……というのが宣伝チラシの口上だ。ありていに言えば、劇団の写真集なのだが、節目を祝って活動記録写真をまとめてみましたふうな安易な代物とは違った記念誌になりそうだ。

クセックACTの舞台のように、スタイリッシュな写真集ができるのを楽しみにしている。

２０１５年６月14日
古田一晴

タゴールが見た戦前日本

「かれは考えた、武器は神であると。」（**タゴール詩集『迷い鳥』新装版**　川名澄訳　風媒社）

大正5（1916）年5月、〝詩聖〟タゴールは初めて日本を訪れた。インドから国賓として招かれたアジア初のノーベル賞詩人は、以後、毀誉褒貶《きよほうへん》の3カ月余を過ごすことになる。

神戸港に到着後上京したタゴールは、実業家・原富太郎の私邸に滞在する。横浜の原邸には京都、鎌倉などから古建築を移築した庭園「三溪園」があり、タゴールは庭園南端の山荘に逗留することになった。山荘に案内された最初の日、海風とともに一羽の鳥が窓の中に飛び込んできた。この出来事が、『迷い鳥』に巻頭の詩として置かれている。日本での未知なる体験、精神的な結びつきへの希求が、この珠玉の詩集を生む契機となった。

当初タゴールは日本文化の素晴らしさ、日本人のもつ慎み深さや勤勉さに深い感銘を受ける。しかし滞在日数が進むにつれ、「軍国日本」に強い危機感を抱くようになり、慶応義塾大学での講演「日本の精神」で、ナショナリズムの高まりを「日本の文明を侵しつつある変化」と批判する。これを境に文壇でのタゴール評は急落、「亡国印度の象徴」と蔑まれるようになった。当時イギリス統治下にあったインドを揶揄《やゆ》したものである。国賓から一転して軽侮の対象となったタゴールだが、その後五度の来日を果たす。日本の変貌を看過できなかったのか、舌鋒はますます鋭くなった。最後に挙げるこの短詩が、彼のその心の裡《うち》を語っているようだ。

「正しくないものが勢力を伸ばしても真実に変わることはない。」（『迷い鳥』）

２０１５年７月12日
劉永昇

同人詩誌『菊屋』懐かしく

『現代詩手帖』7月号に北川透さんと瀬尾育生さんが評論を書いている。瀬尾さんのは愛知淑徳大学の授業での話しあいを踏まえた内容だというのだが、瀬尾さんの講義を聴ける学生がうらやましく思えたのと同時に、『菊屋』があったころから30年もたつのかと懐かしい感じがした。

『菊屋』は少しでも文芸に関心のある人なら知っているはずの同人詩誌だった。愛知県碧南市に日本でんまーく社という発行所をおいて1981年に創刊し、7年ぐらい隔月刊で続いた。愛知、岐阜、三重の大学教師や翻訳家、市職員などさまざまな職業についている詩人が参加していた。まだ豊橋にいた北川透さんも同人だった。大きなシンポジウムも何度か開いた。北村想や高橋源一郎、ひさうちみちお、吉本隆明、谷川俊太郎ら豪華なゲストが顔を出し、とにかく誌面も集いも勢いがあって充実していた。

そういう『菊屋』の活動を引っ張っていたのが名工大でドイツ語を教えていた瀬尾さんだった。73年に東大文学部を卒業した全共闘世代。すでに詩集『水銀灯群落』や評論『鮎川信夫論』を出していて、東京に移ってから少しすると「思潮社現代詩文庫」でアンソロジーが編まれた。

『手帖』に瀬尾さんが書いた評論のタイトルは「電車的」。現代詩壇の主要な走者たちを分析している。詩の言葉に批評の言葉が追いついていないこと、さしあたり褒《ほ》めておくかという儀式的批評が言葉の世界に退廃を生んでいること。おおむねそういう指摘が冒頭にあり、魅力を感じた。瀬尾さんの言葉は学生たちに届いたのだろうか。

2015年7月26日
古田一晴

甚太夫と若狭のウナギ

福井県若狭の人・川渡甚太夫《かわとじんだい》は文化4（1807）年、三方五湖の一つ久々子《くぐし》湖畔の村に生まれた。久々子湖は日本海と通じ、美味な水産物が珍重されてきた汽水湖である。川渡家は農家だったが、同時に漁業、行商、金融にいそしむ富貴な家であったことが、自伝『**川渡甚太夫一代記**』（東洋文庫595、平凡社）に記されている。

若狭はかつて朝廷に食料を貢納する「御食国《みけつくに》」と呼ばれ、現在も「鯖街道」の名で知られるように、京都へ海産物を運ぶルートが古くからあった。ところが三方五湖の鰻は高級品のため利権をめぐる争いが起こり、甚太夫の頃には輸送が途絶えていた。24歳で家督を継いだ甚太夫は、敦賀で金融業を営み資金を蓄えると、久々子の鰻を生きたまま京都に輸送する〝産直ビジネス〟を開始した。

鰻で大儲けした甚太夫は、弘化3（1846）年、北前船を買い入れると自ら船頭となり海運事業に乗り出す。幕末の快男児・甚太夫の活躍はめざましい。一方、同じ三方郡の漁村・早瀬村では天保2（1831）年に「改良せんばこき」製造を始め、村民が全国を売り歩く行商の村に変身している。地域の個性を直接、産品とするたくましさが、この時代の〈地域の人〉にはあった。

時は流れ、近代化の進展は地域の活力を奪い、その代償である若狭の原子力発電所群も、もはや社会的な存在理由を欠く負の資産となった。そんな中、またも鰻の話が届いた。三方五湖特産のクチボソアオウナギが、全国の鰻好きの注目を浴びているというのだ。没後150年余、〈地域〉は再び甚太夫の登場を待っているかのようだ。

2015年9月13日
劉永昇

忘れられた父の戦後

暑い夏に平積み仕事で汗をかかせてもらった又吉直樹の『火花』（文藝春秋）の売れ行きが落ち着いた。200万部を超えたという。しかし今回は、ほぼ同じ時期、1000冊に満たない規模で刊行された一冊の本について紹介したい。

書名は『**忘れられた詩人の伝記　父・大木惇夫の軌跡**』（中央公論新社）という。大木は北原白秋の門下。東海林太郎が歌ってヒットした「国境の町」の作詞家だ。戦時中、国の求めに応じて戦意高揚の愛国詩をたくさん書いたせいで、戦後は戦争協力者のレッテルを貼られ、詩壇やマスコミから疎外された。

筆者は中央公論社で編集者をしていた随筆家の宮田毬栄《まりえ》。かなりこみいった父親の戦後生活に深く踏みこみ、孤立、沈黙、貧困の日々をおくった詩人の素顔に迫っている。軍歌や戦争絵画を冷静に見直して日本文化史に位置づけようとする試みに合流する仕事にも思えて好感が持てる。

ざっと500ページ、5000円近い本だったが、実際に書店に出回ったのは約500冊。ようやく確保した5冊はすぐに売れた。「どこの本屋にも売っていない」という電話が何本かあったが、版元に尋ねても「重版は未定」ということだった。

書店員としては公言を控えるべきかもしれないが、本気になって売りたくなるような本は、そう多くない。20冊に1冊あるかどうか……。川本三郎が「今年の大きな収穫」と絶賛した宮田の本はその1冊に当たる。たとえば最近だと大佛次郎賞をとった長谷川郁夫の『**吉田健一**』(新潮社)。あれと同じ、特別なにおいがする本だった。

2015年9月27日　古田一晴

「読書の害」

この27日から「読書週間」が始まる。名古屋最大のブックイベント「ブックマークナゴヤ2015」も10日から開催されており、多彩な企画が好評という。にぎやかな今年の読書の秋である。

この時期、読書に関する調査のたぐいもよく行われる。最近では2014年に発表された「国語に関する世論調査」（文化庁）が衝撃的だった。16歳以上の男女3千人を対象に〈不読率〉を調査したところ、「1カ月に本を1冊も読まない」と回答した人が47・5％と最多だったのだ。新聞、テレビでこの数字は大きく取り上げられ、ついに活字離れもここまできたかと世の読書家を嘆かせた。

私も後日、出講している大学の学生たちに尋ねてみた。たしかに彼らはあまり「本」を買わないという。その最大の理由は「高いから」。しかしＳＮＳやインターネットサイトを介して日々活字には多く接している。ネットは「無料の活字メディア」なのである（実際には高い通信料を支払っているとしても）。先の調査でも、「電子書籍のコミック・雑誌」を含めると〈不読率〉は35・９％に急減する。20代に限るとそれは23・９％にまで下がり、活字離れなど起きていないことになる。問題は、「読書」という行為が、何を対象とするのかである。

哲学者ショーペンハウエルは「読書の害」を説く。曰く「読書するとは、自分で物を考えずに代わりに他人に考えてもらうことだ」（『**読書について**』鈴木芳子訳・光文社）。ただ読むだけ、信じこむだけなら本など読まない方がまし。稀代の厭世家の警句を胸にきざみ、灯火親しむべし。

２０１５年10月25日
劉永昇

あの日出会った近藤君が

『タモリと戦後ニッポン』（講談社現代新書）が順調に版を重ねている。終戦の１週間後に生まれ、青春時代はジャズに傾倒し、１９７０年代以降テレビタレントとして活躍してきたタモリを軸に、戦後日本の大衆文化を見渡そうとした本だ。大学、ジャズ喫茶、ボウリング場、酒場、テレビ局など、時代を象徴するさまざまな場所でタモリと接した作家や音楽家や芸人との人間関係を通して、日本の歩みを振り返っている。膨大な文献と取材にもとづく力作といえる。

筆者は近藤正高さん。愛知県東海市在住のフリーライターだ。本が出てすぐの8月末、店を訪ねてきてくれて、もう20年近く前になる最初の出会いを思い出し、近藤さんは近藤君になった。まだ高校生だったか卒業したばかりだったかの近藤君は、創刊まもないサブカルチャー雑誌『クイック・ジャパン（ＱＪ）』（太田出版）に小さなコラムを持っていて、「ＱＪが買える書店」の取材に来たのだった。赤田祐一さんが編集長をしていた初期のＱＪは、サブカル雑誌の最終にして最高の形と内容をそなえた雑誌で、どこの書店でも手に入る本ではなかったと思う。そういう雑誌で、まだ二十歳前だった近藤君はアシスタントをしていた。その後、雑誌やウェブで精力的に活躍している近藤君だが、この本はＱＪ的な空気を存分に吸ってきた近藤君だからこそ書けた本なのだ。

あの時に何を聞かれて何をしゃべったのか、さっぱり覚えていないのだが、立派な本を出した近藤君との再会、これもまた書店人冥利の出来事だった。

２０１５年11月８日
古田一晴

偏っているからこそ

ネット上で「偏っている」と批判され、中止を余儀なくされていたMARUZEN&ジュンク堂書店渋谷店のブックフェア「自由と民主主義のための必読書50」が11月13日に再開された。中止のニュースは耳目を集め、書店が社会的主張を展開することの是非論にまで及んだ。再開にあたり選書はかなり入れ替えられ、フェア名は「今、民主主義について考える49冊」に変更された。「バランスに配慮した」との指摘もあるが、再開することの意義が大きいととらえるべきだろう。

最近、〈偏り〉を攻撃し〈公平〉を要求する、このようなクレームが増えていると『朝日新聞』の記事で読んだ。しかし、書籍に〈公平〉を求めるのは、およそ見当違いの要求と言える。偏っていることにこそ、「本」の存在意義はあるのだから。

『ミニコミ戦後史』（丸山尚、三一書房、１９８５年）の巻頭に次のような文章がある。「メディアの画一化は、社会の画一化につながる。……マスコミが社会の反映であるなら、ミニコミはもっと深い部分での社会の反映である」。〈公正・中立・客観〉というマスメディアの信条は、書籍の特質と異なるものだ。「本」というミニメディアの信条は、弱者の立場に立ち、少数の側から世界を見つめ、主観的な言葉をもって発信することにある。そうして言論の多様性が担保される。書籍の〈偏り〉は、だからいつの世も必要とされる。
店頭に居並ぶ嫌韓嫌中ヘイト本を見て思うのは、偏りを糾弾する人々もまたひどく偏っているということ。そして彼らに是正を要求するのは、やはり「本」という偏ったメディアの役割なのだと。

２０１５年12月13日
劉永昇

被災地密着、出版社の奮闘

筑摩書房の月刊PR誌『ちくま』に、土方正志《まさし》さんが「**東北、そして本のはなし**」を連載している。土方さんは2005年、「荒蝦夷《あらえみし》」という小さな出版社を仙台市で創業した。地域に根ざした雑誌『仙台学』をはじめ、地元作家による文芸作品や、地元ゆかりのジャーナリストを起用したドキュメンタリー叢書など、とことん東北と仙台にこだわった本を出して頑張っていたが、地震と津波の被害にあい、廃業の危機に直面した。

12月号でまる3年になった連載記事で土方さんは、荒蝦夷がどのようにして出版活動を続けてきたかを、同時進行的に報告してきた。いまだ20万人が避難生活を余儀なくされ、沿岸には広大な更地が残ったままという東北で、被災地の出版社としてどういう本を出していくべきかを追究している様子が伝わってくる。

先月、愛知県大府市の図書館で土方さんと会った。「語りつなぐ大府と遠野」という図書館主催のトークイベントに、岩手県遠野市で昔話を語り継いでいる人や文化財レスキューに携わった人たちといっしょに、ゲストとして招かれていた。私の方は、以前から荒蝦夷の本を積極的に扱っていたこともあり、図書館スタッフから「会場で本を売って欲しい」と言われて参加した。

公立図書館で書籍を販売するという珍しい経験ができたのも、地域と人をつなぐ本の役割を本気で模索している土方さんや館長の峯岸進さんらのような人がいるからこそだろうと思った。

「東北、そして本のはなし」は3月11日を目途に単行本になる予定だという。

２０１５年12月27日　古田一晴

原発事故5年目の宿題

あの事故からまもなく5年。過ぎ去る時間に記憶の風化が危惧される、そんな昨年11月のこと。ツイッターでSさんが亡くなったことを知った。Sさんとは、「study2007」の筆名で昨年6月に**『見捨てられた初期被曝』**（岩波書店）を出版した原子核物理の研究者のこと。国立機関に勤務する40代の現役研究員だったという。

福島第一原子力発電所の事故は、現在なお収束していない。溶融した炉心の正確な状態も不明、事故多重化の要因も完全解明にはほど遠い。しかし原発の再稼働が進められてゆく。そんな現実にSさんは異を唱えた。「100キロ圏外への避難が不可能なら、原発の再稼働を認めるべきではない」。

事故初期に起きた被曝が、データ不足を理由に過小評価されている。この最大の被害が見過ごされ、対策が十分に取られないままで、もし再び原発事故が起きたらどうするのか——。

また緊急時という混乱の中、被曝の基準値が次々に緩められていった。それにより本来避けられたはずの被曝被害が生じた。その責任は、いつ誰がどう取るのか——。

Sさんは2007年にがんを患った。業務上の被曝の影響かどうかはわからず、〝原因不詳〟と診断された。入院した病院内には小児がんの子どもたちがいた。小学生の子どもをもつSさんは心を痛め、多くの子どもたちに理不尽な被曝を押し付けるのは許されない、と語気強く書く。

無視され続ける初期被曝。その被害の解明がSさんの悲願だった。事故から5年目の春、彼の願いにこたえる研究者の登場が急がれる。

2016年1月24日
劉永昇

少数の読者へ、強烈に主張

この欄で昨年9月に紹介した『**忘れられた詩人の伝記　父・大木惇夫の軌跡**』（中央公論新社）が読売文学賞を受賞した。北原白秋に認められてデビューしたものの、戦時中に愛国歌詞を多作したことなどが戦後にたたり、恵まれない後半生をおくった大木惇夫の評伝だ。筆者は実娘の宮田毬栄さん。父親の人生をたどって近現代詩史の空白を埋めた労作が正しく評価されたことを、まずは喜びたい。そして、この本の発行部数がわずか５００冊だったことを、改めて指摘したい。11月に増刷されたが、いずれにしても少部数に少部数を重ねる出版であることに変わりはない。

減りつつあるとはいえ１万３０００余の書店があるとき、５００冊というのはどういう数字か。たとえば「本屋大賞」は今回、全国の書店員５５２人の投票で大賞候補10作品を選んだが、書店に出回るのが数百部では、かりに評伝部門があったところで投票者の目には留まりようもないだろう。もともと「大木惇夫評伝」は、ベストセラーとは無縁の本なのだ。何万人もの観客動員をねらう大作映画ではなく、少数の観客に向けて強烈に自己主張するインディーズ映画のようなものだ。

『ユリイカ』(青土社)の3月臨時増刊号が、〈出版の未来〉を特集している。ジュンク堂書店の福嶋聡さんが、おおむね次のようなことを書いている。「かつて出版社は自らの信念に従って本を出していた……刊行当初は少数の読者しかいなくても、未来の読者を開拓し、文化の向上をもたらす本がある」。そういう本を見逃さずに受け止めることが、書店員の仕事の妙味だと思う。

2016年2月14日
古田一晴

出版を支える紙と人々

「本を作るために、どんな人が関わっていますか？」。職場見学の中学生からそう質問があった。本が出版されるまでには様々な行程があり、多くの人の力が必要になる。ふだん気がつかない部分にも実は豊かな文化があり、それを担う人たちがいる。それを知ってもらいたいと思い、佐々涼子著『**紙つなげ！　彼らが本の紙を造っている**』（早川書房、2014年刊）を紹介した。

5年前、東日本大震災の時、出版業界は思わぬ「用紙不足」に悩まされていた。書籍用紙の生産拠点である宮城県石巻市の製紙工場が津波で壊滅状態になったためだ。書籍用紙とは一般に本文に使用されるクリーム色の紙のこと。厚み、重さ、色の濃さ、手触りなど、異なる特徴をもつ紙の銘柄が主なものだけで十数種類ある。カバーや表紙など装幀に用いる紙はさらに豊富で、見本だけで本棚の一段を占拠する。本の作り手はページ数や印刷色、内容へのふさわしさを考え、用紙の大海から目的の一紙を選び出す。ちなみに週刊誌等の定期刊行物では、「特漉《とくす》き」といって特注の紙を造る場合もある。用紙の供給が途絶えれば出版社は手も足も出ない。石巻は「出版用紙の約4割」を担う会社、日本製紙の主力生産拠点だった。しかし当時それを知る人は少なかったと思う。

本書は発売後約2週間で4刷を数えた。被災から半年で工場復興を果たしたことへの感銘と、出版の裏方として基盤を支える人たちへの共感が、読者の心を強くとらえたのだろう。本の末尾には使用した紙の名前が記されている。再生石巻工場で造られた「オペラクリームHO」である。

2016年3月13日
劉永昇

本にかかわる人を巡る一日

先月、東京の府中市美術館に若林奮《いさむ》の回顧展を見に行った。戦後日本を代表する彫刻家だ。名古屋市美術館が昨春開いた回顧展とは作品が少し異なるので追いかけたのだが、ちょうど良かった。北の丸公園の東京国立近代美術館では恩地孝四郎の回顧展が、日比谷図書文化館では祖父江慎さんのブックデザイン展が開かれていたからだ。

恩地は木版画や油絵、本の装丁など多彩な領域で活躍したアーティスト。海外から里帰りした版画のほか、『月に吠える』とか『悪の華』とか大正時代の味わい深い装丁の本や冊子が楽しめた。祖父江さんは以前この欄で紹介した愛知出身のカリスマ的ブックデザイナー。紙だからこそ探求できる装丁の奥深さを教えてくれる展示会だった。漱石本の研究者でもあり、一昨年の『心』に続き、今年は『吾輩ハ猫デアル』の祖父江特装版を岩波書店から出す予定だ。

ＪＲ荻窪駅近くに1月に開店した「本屋Ｔｉｔｌｅ」にも足を運んだ。店主は辻山良雄さん。リブロ名古屋の店長時代、本のイベント「ブックマークナゴヤ」の立ち上げに中心メンバーとしてかかわった。古い木造2階建ての一軒家を改修した店の1階は、文芸・人文・芸術系の、要するに売りたい本をそろえた小さな書店と、その奥にカフェ。2階のギャラリーでは、若松英輔の新刊エッセイ集『悲しみの秘義』（ナナロク社）の装画を担当したひがしちかの原画展を開いていた。

あちこち動いて慌ただしかったが、本の世界を生きる人たちにずっと流れているものに出会えた気がして、かなり充実した一日だった。

２０１６年３月27日
古田一晴

社会の眼差し、自閉的では

「オーティズム」という言葉をご存じだろうか。1943年に米国の精神科医カナーが採用した症状名で、日本では「自閉症」と翻訳された。現在それを「オーティズム」に戻そうという動きが広がりつつある。4月2日の〈世界自閉症啓発デー〉にちなんで開いた『**晃平くん「いのちの差別」裁判**』（風媒社）出版記念会で初めてそれを知った。「自閉症は子どもたちの状態にそぐわない訳語。原語に〝閉〟の意味はない」と教えられた。

この裁判は、オーティズムの伊藤晃平くん（15歳）が施設で転落死したことをめぐり、将来働いて得たと予想される逸失利益を施設側がゼロと算定したことに対し、母親が「いのちの価値は平等」と訴えを起こしたもの。裁判は約774万円の逸失利益を認める画期的な和解で決着した。しかし、これ以後も逸失利益を容易に認めない判決が続く。障害者は社会に利益を生まないという偏見を、司法が助長しているように見える。

翌週4月10日は「映画『星の国から孫ふたり』上映会&シンポジウム」に参加した。原作者・門野晴子の実体験に基づく作品だ。映画にも出てくるが、オーティズムの子が特別な感覚や才能を持っていることは珍しくない。それを理解し、価値を見つめる感性が私たちに問われているのだ。

多くの先進国では、オーティズムの子の能力に合わせて教育プログラムが組まれ、社会にそれを活かすためのシステムが整備されている。そこには、オーティズムは社会を成熟させる存在という観点がある。自閉的なのは、むしろ日本の教育システムであり、社会の眼差《まなざ》しなのではないか。

2016年4月19日
劉永昇

老人施設発雑誌の休刊を惜しむ

いずれ紹介しなければと思っていた雑誌『**ヨレヨレ**』が昨年12月に出た〝ごぶさた第4号〟で廃刊することになった。4月半ばに連絡があった。

発行していたのは「宅老所よりあい」という福岡市にある民間の老人介護施設。特別養護老人ホームを建設する資金工面に役立てようと2013年12月に創刊した。このほど特養ホームが完成したため区切りをつけることにしたというのだが、雑誌の人気が手売りの規模をはるかに超えて高まり、電話応対や受注と発送の作業が手に負えなくなったことが実情のようだ。

週刊誌サイズ約60ページ。中身は一貫して内輪話。施設を利用している高齢者やスタッフが繰り広げるドタバタを含めた日常の出来事を文と写真でつづった。96歳女性の最期の日々をスタッフたちが一緒に暮らして看取《みと》ったドキュメントの連載があり、古参スタッフの退職お別れパーティーの報告があり……。施設とかかわりのある谷川俊太郎さんが毎回登場し、最終号には伊藤比呂美さんとの「死んだらどうする詩人対談」が載った。

フリー編集者の鹿子裕文《かのこひろふみ》さんが取材や編集の一切を任されていた。誌面に漂う開放感は鹿子さんの感性と筆力のたまものといえる。特養ホーム建設にこぎつけた人たちの奮闘を記録した鹿子さんの単行本『**へろへろ**』がナナロク社から刊行されている。施設の近所に住む小学生で毎回何枚もの挿絵を描いてきた奥村門土くんの画集『**モンドくん**』もPARCO出版から本になった。2人はブックマークナゴヤなどで何度か名古屋を訪れ、本好きたちの人気を集めた。

『ヨレヨレ』は近年まれに見る面白い雑誌だった。

2016年5月3日

古田一晴

忘れられた被爆者

　平和記念公園の原爆供養塔を背にして１００メートルほど歩くと、木立の中に「韓国人原爆犠牲者慰霊碑」が建っている。左に目をやると、やはり１００メートルほどの距離に「原爆の子の像」があり、平和への願いをこめた千羽鶴が鮮やかに像を取り囲んでいる。片隅にひっそり佇《たたず》む慰霊碑を訪れる人はめったにいない。今回の広島訪問でオバマ大統領が言及したものの、韓国・朝鮮人被爆者の存在自体、知る人はまだ少ないのではないか。

　軍都・広島市には当時約５万人の朝鮮人が居住していた。正確な数字ははっきりしないが、２万人以上が原爆で死亡したと推定される。長崎も合わせると朝鮮人被爆者は約７万人もの多数に上る。広島県朝鮮人被爆者協議会編『**白いチョゴリの被爆者**』（労働旬報社）には、異国で過酷な差別を受け、ついには被爆まで強いられたことへの怒りと悲しみが、身を震わすように語られている。作家・松本清張はその無念を「もう一つの地獄」（序文「肉声を聞く」）と表現している。

戦後、帰国した被爆者は長く援護措置の対象外だった。いくつもの裁判が起こされ、現在は大使館を通じて「被爆者健康手帳」を取得できるようになったが、北朝鮮在住者のように今なおその埒外《らちがい》に置かれている人たちもいる。**『ヒロシマ・ピョンヤン　棄てられた被爆者』**（伊藤孝司、風媒社）は、国家間の対立関係が一人の在朝女性被爆者の人生を翻弄する不条理を追ったドキュメンタリーである。

「唯一の被爆国・日本」と言う時、そこからこぼれ落ちる人たちがいる。そのことに思いが至らなければ、言葉は宙に浮いてしまうだろう。

２０１６年５月31日
劉永昇

アンソロジスト諏訪哲史

『日本近代随筆選』（岩波文庫）の全3冊が今月出そろう。森鷗外の「サフラン」に始まる120編。文士や画家や科学者の味わい深い文章が楽しめるアンソロジーだ。

それとは趣が異なるアンソロジーの刊行がまもなく始まる。諏訪哲史さんが参加した**『新編・日本幻想文学集成』**（国書刊行会）だ。旧編は全33巻が1990年代に出た。今回はその後没した安部公房、倉橋由美子、中井英夫、日影丈吉の4人を補い、全9巻にまとめる。

増補した4人の作品は6月中に出る予定の第1巻に収録し、そのうちの日影丈吉が諏訪さんの担当だ。日影の作品集は最近では河出書房新社が文庫を2冊出しているが、収録作品に重複はなさそうだ。膨大な作品を残した作家だからというよりも、諏訪さん独自の選択眼ということなのだろう。

『新編集成』の内容見本に諏訪さんが書いている。「このシリーズは通常の精華集とは異なる。幻想文学に精通した選者らによる、教科書的ではない偏執的なセレクト」であり、「天邪鬼な選択意図を開陳した解説まで含め、選者の編集自体の内に、既に倒錯した幻想性が孕《はら》み込まれている」。

諏訪さんの幻想文学好きは、思い出の本を再読批評した『**偏愛蔵書室**』(国書刊行会)を読めばわかる。「旧編集成」はもちろん、それより先に出ていた『世界幻想文学大系』も愛読していたに違いない。

すでに諏訪さんには恩師の仕事を選《え》り抜いた2冊の『**種村季弘傑作撰**』(国書刊行会)がある。書くこととは別の、作家としての大きな仕事に、諏訪さんは取り組んでいる。

2016年6月14日
古田一晴

沈黙の森の警告

暗い森の奥を見つめながら、「〝沈黙の春〟やな」と環境学者のY教授は言った。

原発事故で全村民に避難指示が出されたこの村に、いま住んでいる人はほとんどいない。除染作業ではぎ取った汚染土を詰めこんだフレコンバッグがあちこちに積み上げられ、その数はもう200万個近くに上る。しかし村の面積の8割を占める森林は除染対象から外され、逃げ場のない植物たちがそこで被曝し続けている。放射能の影響は植物にどんな形で現れるのか、継続的学術調査を行うグループに同行させてもらった。

福島第一原発から放出された放射能雲《プルーム》の軌跡をたどり村の内外を調査する。高線量地点のサンプルを集め、異形・奇形の植物を採取しながら村を横断し、最後に計測器《シンチレーション》が鳴りやまない森に行き着くと、Y教授が言った。本来ゆたかな生態系を匿《かく》す場所である森が、

「あまりに静かだ」と。鳥も小動物もまるで姿が見えない。息を潜めているのか、死に絶えたのか。ともかくも、あの原発事故以来、沈黙が森を支配しているのを強く感じるという。

レイチェル・カーソン著『**沈黙の春**』の冒頭に有名な一節がある。「自然は、沈黙した。うす気味悪い。鳥たちは、どこへ行ってしまったのか。」（青樹簗一訳、新潮文庫）。カーソンはこの第1章を「明日のための寓話」と名付け、そして「本当にこのとおりの町があるわけではない」とことわり書きをした。半世紀以上前に未来への警鐘として描かれた「明日」が、いま現実の「今日」となり目の前にある。森に響くシンチレーションは、鈍麻した私たちの心を告発してやまない。

２０１６年７月12日
劉永昇

吉増剛造の豊かな世界

東京国立近代美術館で吉増剛造展（6月7日—8月7日）を見てきた。日本を代表する詩人の吉増さんは、詩人の枠に収まらない詩人だ。77歳になった吉増さんの約50年に及ぶ創作活動は、詩を起点に銅板オブジェや多重露光写真、国内外で撮ったロードムービー、音楽家や舞踏家とのコラボレーション映像など、多岐にわたる。吉増さんの全体像に迫る個展が美術館で開かれたわけはそこにある。

会場には、それらの作品のほか、学生時代から書き続けている日記、日々の着想を吹き込んだ膨大なカセットテープ、さらに、東日本大震災をきっかけに着手した超長編詩「怪物君」の自筆原稿が並んだ。吉増さんは3年前に文化功労者になり、昨年には日本芸術院賞・恩賜賞を受賞した。しかし吉増さんに、人生のまとめに入っている気配はうかがえない。展覧会も、変化しつづける吉増さんの姿を伝える好企画だった。

そんな吉増さんの新刊が続々出ている。『GOZOノート』（慶應義塾大学出版会）は全3巻の自選エッセー集。詩と写真で構成した『**心に刺青をするように**』（藤原書店）。装丁に出版人の意欲がうかがえる『**怪物君**』（みすず書房）。『**我が詩的自伝　素手で焔をつかみとれ！**』（講談社現代新書）は紙誌の書評欄をにぎわしている。

名古屋の芸術批評誌『REAR《リア》』の最新号も吉増さんのインタビューを巻頭に組んでいる。聞き手は吉増さんと40年の親交がある名古屋ボストン美術館長の馬場駿吉さん。全身詩人と耳鼻科医でもある俳人の対話は、何人もの美術家や写真家に触れつつ感覚器官の原理にまで言及する愉快な内容になっている。

２０１６年８月９日
古田一晴

心そそる「書皮」の世界

書店で本を買うと、「カバーはお掛けしますか?」と尋ねられる。日本の出版業界(書店、取次、出版社)には独特な慣習があり、書店の「ブックカバー」もその代表的な一つだ。

書店カバーの発祥については、大正時代に古書店が会計済みの本とそうでない本を区別するために始めたという巷説がある。書皮友好協会によれば、百貨店が隆盛をみた大正後期、当時庶民が憧れた百貨店の〝包み紙〟に影響されて派生したものという。いつ、どの書店が考案したのか、はっきりした記録は残っていないというが、手軽な宣伝手法として、また本を大切にしたがる読書家の心理に訴えるところもあって今に定着したのだろう。

ちなみに「書皮」とは書籍の表紙・カバーを指す中国語だが、同協会では書店カバーという意味であえて使っている。先頃刊行された同会監修『**日本のブックカバー**』(グラフィック社）には、全国各地さまざまな時代の書店カバーの名作がカラーで紹介されており、心をそそる。

本の下部に巻き付ける「帯」、別名「腰巻」。人目につく惹句《じゃっく》が踊ったり、著名人の推薦文が載せられていたり、販売向上をねらってひねり出された宣伝文句が書店の平台にずらりと並ぶ。買った後に捨てられてしまうことも多いが、ほんの数十字でどんな文を書くかは編集者の能力の一つであり、愉《たの》しみの一つでもある。

この「帯」もまた日本独特の慣習。紀田順一郎氏によれば、初めて帯が掛けられた書籍は阿部次郎著『三太郎の日記』（東雲堂、大正3年刊）という。文句はただひと言、「読め！」。簡潔さに工夫の跡がしのばれる。

2016年9月27日
劉永昇

よみがえる魔子鬼一

魔子鬼一《まこきいち》という探偵小説作家がいた。戦前に執筆を始め、戦後は1958年ごろまで『探偵倶楽部』や『妖奇』といった雑誌に作品を発表していたらしいのだが、本名も生没年も不明のまま忘れられ、古希祝いに自費出版した短編集『**女のミステリー**』によって一部のマニアだけに知られる存在だった。

ところが今年6月、歴史に埋もれていた魔子鬼一の消息が、あっけなく判明した。『河北新報』の読者欄に、嫁ぎ先の仙台で暮らす75歳の次女から、父の日にちなんだ投稿が寄せられたのだ。「父は会社員でしたが、小説家でもありました。江戸川乱歩の弟子で、ペンネームは魔子鬼一……」

投稿をきっかけに次女と面会した地元出版社「荒蝦夷《あらえみし》」の土方正志さんや新聞記事によ

ると、本名は吉田登貴雄、１９０７年横浜生まれ。戦時中に渡航していた中国で召集され、戦後は実業界で活躍しつつ、神奈川県で日曜作家を続けた。１９８９年、息子と孫娘のいるオーストラリアに永住するため現地に向かったが、着いてまもなく不慮の死を遂げた。

土方さんは、以前から交流のある東京・西荻窪の古書店「盛林堂書房」が魔子鬼一の作品集を出そうとしているのを知り、一連の経緯を伝えた。同店は今春、出版部門の「書肆盛林堂」から、映画評論やＣＭ制作で知られた石上三登志のエッセー集『ヨミスギ氏の奇怪な冒険』を出して評判になった。

作品集は出版時期も内容も体裁なども未定だが、魔子鬼一はもはや謎の作家ではない。遺族の証言によって確かな輪郭を与えられ、再登場する。どんな本が出るのか楽しみだ。

２０１６年10月18日
古田一晴

おみすてになるのですか

「杉山さんが、いま亡くなりました」。9月18日朝、映画監督の林雅行さんからメールが届いた。29歳だった1945（昭和20）年3月25日、名古屋空襲で重傷を負った杉山千佐子さんは、戦後「全国戦災傷害者連絡会」を立ち上げ、民間人被害者の救済を国に求めてきた。この日は101歳の誕生日、それが杉山さんの命日となった。

運動にかけた杉山さんの半生は、自叙伝『**おみすてになるのですか**』（クリエイティブ21）や林監督の同名のドキュメンタリーで知ることができる。しかし、空襲から71年を経た今なお、軍人・軍属以外の空襲被害者は救済されていない。一方、同じ敗戦国のドイツでは空襲被害者も平等に補償・救済を受けている。しかし、空襲被害をおおっぴらに語ることは避けられてきたと、ドイツ人作家W・G・ゼーバルトは指摘する。97年に発表した

『**空襲と文学**』（白水社）で、空襲被害が文学的タブーとされ次世代にその体験が継承されていないと主張、大きな論議を巻き起こした。

ゼーバルトは、驚異的な経済発展のエネルギーは社会の〈共通の秘密＝戦争被害〉が源泉だとし、そこに全体主義の亡霊を見た。かたや日本政府は、民間空襲被害者援護法案を17年間に14回廃案にし、杉山さんたちの願いをなきものにしてきた。どちらの罪も等しく重い。

１９４５年５月14日、名古屋城も空襲で焼失。現在はコンクリートの城が建つ。いまその天守閣を木造復元する計画があり、巨額予算をめぐって賛否が分かれている。ならばいっそ天守閣を「名古屋空襲記念館」にしてはどうか。眼下の風景が焦土と化したあの日を忘れないために。

２０１６年11月15日
劉永昇

柴田さんが亡くなった

東京・神保町の書店「岩波ブックセンター」の会長をしていた柴田信さんが10月12日に亡くなった。86歳だった。人文社会系の専門書にかかわる者なら誰でもが知っている書店界の重鎮だった。

威張ることのない気さくな人だった。書店主の仕事にとどまらず、街を活性化する「本の街・神保町を元気にする会」の事務局長を務め、1991年から続いている「神保町ブックフェスティバル」の中心メンバーとしてイベントを支えてきた。

中学校教師や会社勤めを経験し、30代半ばの65年に都内の大型書店に入社した。それ以来50年、書店の現場から「本・人・街」を見つめてきた。柴田さんは、本屋は本を売るところなんだ、という単純素朴な心構えに徹した人だった。そんな柴田さんの書店人生をたどった『**口笛を吹きながら本を売る**』（晶文社）が本になっている。出版ジャーナリストの石橋毅史さんが3年にわたって密着取材した成果を書き下ろした。

柴田さんの話には「普通の本屋」とか「売れる本」という言葉がしばしば出てくる。柴田さんにとって「売れる本」とは、宣伝の力で必要以上に買われていく本や人気作家の作品ではない。世の中に向かって言うべきことをちゃんと表現し、少しずつでも長期にわたって着実に売れる本のことだ。そして「普通の本屋」とは……。これについては要約して紹介するのがなかなか難しい。ぜひ本を買って読んでいただきたい。

柴田さんと最後に会ったのは昨年2月、柴田さんの会社で開かれた「本の学校連続講座」の講師で上京したときだった。心からご冥福をお祈りします。

２０１６年11月29日
古田一晴

新・貧乏物語

ことしは夏目漱石生誕150年の記念イヤーである。漱石は1916（大正5）年に亡くなっているので、去年も没後100年の記念の年だった。この漱石の亡くなった年、河上肇『**貧乏物語**』の連載が『大阪朝日新聞』紙上で開始された。

「驚くべきは現時の文明国における多数人の貧乏である」との書き出しで始まる『貧乏物語』は、出版されるや大きな反響を呼び、30刷を重ねるベストセラーとなった。当時の日本は第一次大戦の特需で好景気に沸いていたが、一方で物価の急上昇に賃金が追いつかず、社会に貧富の差が広がっていった。そうした状況のなか、新たな貧困層が生まれた。「いくら働いても貧乏から逃れることができない絶望的な」貧しさに苦しむ人たちである。

『**現代語訳　貧乏物語**』（講談社現代新書）で佐藤優は、当時の状況が現在と酷似していると指摘する。そして、構造的貧困解消への取り組みを継承することが必要と訴える。

『貧乏物語』連載からちょうど100年後の昨年末、小社から『**なごや子ども貧困白書**』（子ども&まちネット編）が刊行された。貧困は、1世紀前よりもはるかに狡猾な顔をしていることが、この『白書』を読むとわかる。貧困の枠組みを経済状況から広げて「生きるための環境」としてとらえ直すと、虐待、いじめ、不登校、発達障害といった現代のありふれた問題に、貧困がいとも簡単にすり寄っていく実態が見えてくる。

「貧乏神退治の大戦争」は「世界大戦以上の大戦争」と河上肇は書く。およそ戦争と名のつくものなど、しないにこしたことはないけれど、この決着だけは一日も早くつけねばならない。

2017年1月17日
劉永昇

歌集『角砂糖の日』復刊

小説家の山尾悠子が1982年に出した唯一の歌集『**角砂糖の日**』が、昨年末、新しい装丁で復刊された。山尾は二十歳になった1975年に『SFマガジン』でデビューした幻想文学作家。硬質で緻密な描写に定評がある。短編集『夢の遠近法』と連作集『ラピスラズリ』は、ちくま文庫になっているのでいつでも読めるが、500部しか印刷されなかったらしい『角砂糖の日』は、多くの読者の目に触れることも古書店に出回ることもなく、「まぼろしの本」となっていた。

ところで、この本を復刊したのは出版社ではない。東京都渋谷区のJR恵比寿駅近くにある「LIBRAIRIE6／シス書店」という小さな画廊だ。ダダイズムやシュールレアリスムに特化した画廊として2010年に開店し、すでに知名度は高い。昨年は豪華特装本を展示販売した「羽田野麻吏《まり》『サトゥルヌスの書物』展」や「アンドレ・ブルトン没後50年記念展」などが話題をよんだ。

画廊主の佐々木聖《しょう》さんは名古屋で芸術系大学を卒業し、2000年ごろに私たちが名古屋で開いたペヨトル工房イベントにもかかわっていた。だから画廊運営も歌集復刻も、彼女自身の関心事に直結する地点で成すべきことを成し遂げている感じがして応援したくなる。

今回の印刷部数は1000部と聞いている。すでに入手困難な状態だが、ファン待望の仕事をしたのは間違いない。装丁も愛書家の手が思わず伸びそうなおしゃれな仕上がりになっている。芥川賞・直木賞や本屋大賞で書店の文芸書コーナーがにぎやかになるのはうれしいことだが、こういう本がひっそりと出ていることを知ってもらえるならもっとうれしい。

2017年1月31日
古田一晴

自由な表現の最後の砦

文芸評論家の清水信さんが逝去された。文壇中央に背を向け、地域発の言論を重視し、東海地方の文芸同人誌をひろく支え続けた。その超人的な活動は96歳で没するまで衰えなかった。

清水さんが励まし、支持した同人誌の書き手たちは職業作家ではない。プロを志向する人もほとんどいない。それでも書くのは、書くこと自体から何かを得ているからだろう。

10年以上前のこと、80代の女性が突然訪ねてきたことがある。時間があいていたので、その場で原稿を読ませてもらった。少女時代の出来事をつづったエッセーで、戦前の名古屋の町の空気、日々の暮らしが淡々と描かれていた。戦争が壊してしまうまで、そこに幸福で大切な日常が存在したと、素直に伝わる作品だった。

そう感想を述べたところ、「じつは女学生のころに書いたもの」という。夫に先立たれ、遺品を整理していたらこの原稿が出てきた。生前読んでくれていたのだと思うと、うれしかった。また書き始めたい。だから誰かに感想を聞きたかった。そう言って女性は帰っていった。

『１９８４年』の作者ジョージ・オーウェルによれば、本を書くことは「抗いようのない不可解な悪魔に取りつかれている」（「**なぜ書くか**」『**オーウェル評論集**』岩波文庫）ようなもの。ならば名声や金銭と無関係に、書くこと・読まれることを純粋に目的とする同人作家は、より創造的《デモーニッシュ》な表現者と言えそうだ。

戦時下の言論統制を経験した清水さんは、その再来を危ぶんでいた。社会の空気を読まずに出せる同人誌が、いつか自由な表現の最後の砦になると予期していたかもしれない。

２０１７年２月28日

劉永昇

創林舎という地方出版社

メディアと書店がこぞって繰り広げた感がある「待ってました」の大騒動だった。村上春樹さんの『騎士団長殺し』（新潮社）のことだ。自分のペースで創作に取り組み、お祭り騒ぎを人一倍嫌っていそうな村上さんご本人は、どんな思いで見ていただろう。

それはともかく村上さんの新作は、今回も着実に売れて行き、翻訳文学大国の日本で出回る外国文学が束になってもかなわない販売部数を記録するに違いない。

山口県山陽小野田市の創林舎から『**世紀の地獄めぐり**』という翻訳小説が昨年秋に出たのを知り、取り寄せた。「イタリアのカフカ」とも呼ばれているらしいディーノ・ブッツァーティの短編集だ。訳者は香川真澄さん。新聞報道などによると香川さんは20代後半、絵を学ぶために留学したイタリアで、各地を訪れるうちに文学の魅力にとらわれ、帰国後、翻訳の仕事を始めた。訳書はこれで10冊ほどになるという。

ブッツァーティにはすでに、『**タタール人の砂漠**』（岩波文庫、脇功訳）や『**神を見た犬**』（光文社古典新訳文庫、関口英子訳）などの翻訳がある。『世紀の地獄めぐり』は、評価の高い晩年の未邦訳ものを中心に、香川さんが独自に編んだ作品集だ。

本の奥書から推測すると創林舎は、自分のお気に入りのイタリア文学を紹介するために香川さんがつくった出版社だと思われる。本は主に山口県内の書店で販売し、全国に流通させる考えはないようだ。

『騎士団長殺し』をめぐる熱狂があまりにもすごいので、地方の小さな出版社からひっそりと出ている本の話を、あえて取り上げてみた。

２０１７年３月14日
古田一晴

水主町とフナムシ

この春、わが社は新しいオフィスに移転した。大須一丁目、岩井橋たもと近くの建物で、窓の下を堀川が流れている。二軒先には、創業明治二十年という老舗の備長炭屋さんがある。橋を渡った対岸は「名駅南」、旧町名は「水主町《かこ》」である。水主とは船乗りのことで、江戸の昔この界隈に尾張藩の水夫が多く住んでいた。交差点や郵便局には今もその名が残り、海とのつながりを文字に留める。

堀川は尾張藩の物流の動脈であった。さまざまな物資が熱田の浜から船で運ばれ、城下町の生活を支えた。岸には桜がたくさん植えられ、花見の名所としてにぎわう様子が『尾張名所図会』に描かれている。船が忙しく行き交うなか、積み荷に思わぬ客も紛れ込んだようだ。それは町と海との深い関係を物語る生きた証拠と言えるものだ。

新しいオフィスには半地下の倉庫がある。かつてはここから荷揚げしたのだろう、窓の外すぐそこに川面が見える。フローリングの床に小さな屑が散らばっていた。よく見るとそれは、フナムシの抜け殻であった。

フナムシといえば、海の岩場や磯などで見かける生き物だ。それがなぜ淡水の川にいるのだろうか。もしかすると、福島正則が堀川を開削した江戸初期、船荷に隠れて上陸したフナムシが、名古屋開府以来四百年余、幾百世代を経て今も棲み続けているのではないか……。

そんな想像をめぐらせて、ちょっと発見をした気分だったのだが、いざ引っ越してきてから一度もその姿を見ない。大量の書物の山に辟易し、こんな本の虫どもとは暮らせないと、逃げ出してしまったのでなければ良いが。

２０１７年４月18日
劉永昇

スミス、ディラン、春樹

ファッションとジャーナリズムの雑誌『**スペード**』（ライスプレス刊）の最新号が、アレン・ギンズバーグの特集を組んでいる。ギンズバーグは20世紀後半の米国の詩人。カウンターカルチャーの大潮流をつくり、ずっとその中心にいた。今年は没後20年にあたる。

特集は昨年6月に東京であったコンサート、「ザ・ポエット・スピークス　ギンズバーグへのオマージュ」を踏まえた内容だ。パンクロックの女王パティ・スミスが、フィリップ・グラスのピアノを伴奏に、ギンズバーグと自分の詩を朗読する催しだった。朗読にあわせて会場で投影する日本語字幕を、村上春樹と柴田元幸が手がけたことも話題になった。

パティ・スミスは、その半年後、ノーベル賞授賞式に姿を見せ、出席できなかったボブ・ディランに代わってディランの代表曲を歌った。彼女は記者会見で、「インスピレーションを受けた人物」としてギンズバーグとディランの名前を挙げたらしいが、スミスは村上春樹の熱心な読者であることで知られ、彼女と親交のある村上もまたディランの影響を受けていて……。

話がややこしくなってしまったが、ノーベル賞をめぐって名前が挙がったビッグネーム3人を結ぶ、幅も厚みもある接続線が、去年から今年にかけて改めて浮かびあがった、ということを書きたかったのだ。

ついでに言ってしまうと、2003年7月に名古屋クラブクアトロで見たパティ・スミスはすごかった。女王が締めくくりに歌った「ピープル・ハヴ・ザ・パワー」の説得力とすさまじいエネルギーに撃たれ、私は涙が止まらなかった。

2017年5月2日
古田一晴

ディストピアと「監視塔」

ＳＦにディストピア小説というジャンルがある。米国でトランプ氏が新大統領に決定するとジョージ・オーウェルの『一九八四年』（ハヤカワｅｐｉ文庫）がベストセラーになった。この小説の主人公は「真理省記録局」に勤務し、過去の新聞記事を現在の政府の主張に合わせて修正する仕事をしている。「真実を管理」し、指導者を正当化するためである。メディアを公然とうそつき呼ばわりする大統領の誕生に、米国市民は来たるべき悪夢の社会（ディストピア）を予感したのだろう。

短編全集の刊行が始まったＪ・Ｇ・バラード（『Ｊ・Ｇ・バラード短編全集』東京創元社）もディストピアＳＦの書き手である。第２巻収録の「監視塔」では、宙に浮かぶ監視塔の視線を気にしながら生活する社会が描かれる。人々は常に監視塔の意図をくみ取って行動している。そんな窮屈さに小さな反抗を試みようと、主人公は許可なくガーデンパーティー（集会）を開くと予告する。友人たちは主人公の危険な言動に驚き、恐れ、中止を求める。

作中では、監視塔の目的も監視者の姿も描かれない。ただ、その下で互いに監視しあう人々の姿があるばかりだ。

5月19日、衆議院法務委員会はいわゆる「共謀罪」法案を可決した。内心の自由を侵す違憲立法だと反対する声を押し切って採決を強行した。犯罪の準備段階から捜査するというのだから、これは社会監視が合法化されたことを意味する。まるでこの国に、バラードのディストピアが出現したかのようである。短編「監視塔」では、やがて住民の目には監視塔の存在さえも見えなくなり……、この先はぜひ本編を読み、その戦慄の結末を味わっていただきたい。

2017年5月30日
劉永昇

映画という《物体X》

キネマ旬報社の「映画本大賞2016」で、岡田秀則さんの『**映画という《物体X》フィルム・アーカイブの眼で見た映画**』（立東舎）が1位に選ばれた。私も入っている選者24人の投票詳細は『キネマ旬報』最新号に載っているが、過去12回で7回も1位になっている山田宏一さんの『ハワード・ホークス映画読本』や木下千花さんの芸術選奨新人賞受賞本『溝口健二論　映画の美学と政治学』などを抑えた堂々のグランプリだ。

岡田さんは1968年愛知県生まれ。東京国立近代美術館フィルムセンターの主任研究員として、フィルム映画のアーカイブ（収集と保存）に携わってきた。あらゆる映画を選別することなく同等に扱うのがアーキビストの仕事。本書には、映画にまつわる世界をまるごと受け止めている岡田さんの映画愛が詰まっている。

〈映画は牛からできている〉とか〈映画は密航する〉とかの奇妙なタイトルが目立つが内容はいたってまじめ。かつては危険物だったフィルムの正体、台湾と沖縄を結んだ映画の道、魅力的な企業PR映画、チラシとパンフへの思い入れ……。映画を保存していくにはデジタルよりもフィルムが優れていることや、映画は映画館で見るから映画なのだということも、しっかり語られている。

ちなみに『森卓也のコラム・クロニクル：1979―2009』（トランスビュー）が7位に入った。愛知県一宮市在住の森さんが、30年にわたって主に新聞に連載した匿名コラムをまとめている。エンタメの全ジャンルに厳しくかつ温かいまなざしを注いできた森さんの、資料価値満点の分厚い本だ。

2017年6月13日
古田一晴

沖縄が選ぶ「一人称」

最近、月に一度、文章教室の講師をしている。女性向けの講座なので、岡本かの子や武田百合子、向田邦子などのエッセーを教材に使う。そしてあるとき、女性が文章で使える一人称は、ほとんど「わたし」しかないということに気がついた。

男の場合はもっと多彩だ。「わたし」以外に「僕」「俺」「自分」。少し古くは「小生」「吾輩」。「ワシ」と書く現代作家もいる。

なぜそうなのか。男性は、長幼主従といった外的条件に応じて一人称の使い分けが必要だが、女性は従来、社会との接触がうすく家庭中心であったため、その必要がなかった。それゆえ女性の書く文章には、男性には見えない生活の真実がある――。

そんな説明をしたところ、「そういう解釈も一種の抑圧では」という声があり、はっと

ゆいぽおと通信

◆新しく誕生した本◆

本の虫　二人抄

仕様：四六判　並製　本文２７２ページ
定価：本体１６００円＋税

ISBN978-4-87758-562-4

古田一晴　劉　永昇

朝日新聞名古屋本社版
人気リレーコラムが単行本に！

　ちくさ正文館のカリスマ店長と風媒社編集長が、「本」をめぐって思い思いに綴ったコラム。二〇一四年秋から二〇二三年夏までの一二六編。演劇、美術、音楽、映画、思想、文学……とテーマは多様。
　読みたい本がきっと見つかる。

◆おすすめのノンフィクション◆

ずっとそばにいるよ
天使になった航平

ISBN978-4-87758-404-7

横《よこ》幕《まく》真《ま》紀《き》

感動の涙のあとには、自分らしく生きる勇気が湧いてくる！

四歳で急性骨髄性白血病を発症。二歳の弟から骨髄移植し、笑顔で病気に立ち向かって逝った航平と、それを支えた家族、医療スタッフたちの３３５日のドキュメント。航平のおかあさんが、大学ノート十冊にも及ぶ日記を読み返してまとめました。

二〇〇七年夏には、ＮＨＫ教育テレビ「みんな生きている」で、航平と家族の強い絆が「いつまでもいっしょだよ」と題して放送されました。

仕様：四六判　並製
口絵カラー４ページ＋本文３２８ページ
定価：本体１５００円＋税

○この本は今の私のオススメの一冊です。本当に感動しました。学校で読んで一人で泣いていました。航平くんの写真を見てかっこいい＆かわいい子だと思いました。航平くんはおもしろくて優しくて強くて本当にホレちゃいました。何度読んでも全然あきなくてもう毎日読んでいます。マジでこの本には感動と勇気をもらえます！（13歳女子中学生）

○私はこの本を読んで、一生懸命病気に立ち向かった航平君とそれを支えてあげていた親族、医療スタッフのみなさんに、命がどんなに大切か教えられました。私は中一の時イジメで苦しんでいて自殺をしようとしました。結局死ぬのが怖くて自殺を実行しませんでしたが、この本を読んで命の大切さがよくわかりました。私は今後、どんなに苦しい事があっても航平君のように一日一日を一生懸命に生きていきます！たくさんの感動、勇気をありがとう！（14歳女子中学生）

○僕は今、高校生ですが、将来医者になりたいと考えています。そんな時にこの本に出会いました。この本を読んでとても感動し、命の重さや一人一人の想いなどが伝わってきました。そして航平くんのような病気の子を助けていきたいと本気で思えるようになりました。この本に出会えて本当に良かったです。（16歳男子高校生）

した。わたしは男の視点から見えることしか語っていなかった。

講座を終え、「戦争と平和の資料館　ピースあいち」へ向かった。「知られざる沖縄の真実―ハンセン病患者の沖縄戦」展の最終日になんとか間に合った。

沖縄県は、いま米軍基地の移設をめぐって国と激しく対立している。6月23日の沖縄慰霊の日、翁長雄志知事は「沖縄県民に、日本国憲法が保障する自由、平等、人権、そして民主主義が等しく保障されているのでしょうか」と問いかけた。県民の総意を顧みず軍事拠点化が進む沖縄は〈憲法停止の島〉だという告発であった。

沖縄の視点から本土を見たとき、そこにはどれほど強圧的な〈日本人〉の民意が見えることか。もしもいま沖縄の一人称を県民自身が選ぶとしたら、何と名乗るのか。このままでは、「日本」の二文字は入るまい。

2017年7月11日
劉永昇

星新一とその時代、一冊に

名古屋に戻ってきて10年になるベテランSF作家の高井信さんが、『**日本ショートショート出版史**』（B6判、300ページ、3000円）を自費出版した。副題は「星新一と、その時代」。ショートショートの神様とされる星新一がデビューした1957年から亡くなる97年末までに刊行された掌編小説集を、年代順に紹介している。

島尾敏雄の『硝子障子のシルエット』（72年）、友成純一の『獣儀式』（86年）、ブコウスキーの『ホット・ウォーター・ミュージック』（93年）……。あらゆるジャンルに目配りし、平等に取り上げている。東海ラジオの深夜番組から生まれたリスナーによる作品集『夜と万年筆』（77年）のようなものまでフォローしている。

登場する作家はざっと550人。それに併せて千枚以上の書影を載せている。知人や図書館の世話になった写真もあるらしいが、ほとんどは自分の蔵書をスキャンしたという。その多くは発売当時の帯が付いたまま。本をまるごと愛する高井さんの姿が目に浮かぶ。

作家デビューした学生時代、高井さんはすでに星新一の弟子だった。師匠の単行本未収録作品をまとめた『つぎはぎプラネット』（２０１３年、新潮文庫）に解説を書いた。今回の「出版史」にも師匠に対する高井さんの敬意がこもっている。

15年以上にわたって準備してきた大仕事を、60歳目前に成し遂げた。採算重視の商業出版を選んでいたら、おそらく日の目を見ることはなかったろう。いずれはショートショートの「作家辞典」を出したいと高井さんは考えているらしい。完成が楽しみだ。

２０１７年８月８日
古田一晴

難民への想像力

「国連UNHCR難民映画祭」が名古屋で初開催される。シリア、ソマリア、イランなどの紛争地帯からの難民をテーマにした6作品が、10月21、22日の2日間に分けて上映される。

先進国の中でも日本は難民に最も固く門戸を閉ざした国として知られる。芥川賞作家の小野正嗣は、2016年に「**東京スカイツリーの麓で―あるコンゴ人難民の受難の物語**」という短いルポを発表し、日本にたどり着いた難民がいかに高い壁と直面するかを明らかにしている。

たとえば難民認定者数のデータとして、2015年は申請者7586人に対し認定数がわずか27人、認定率は1%に遠く及ばないことが示される。いま最新の2016年を見ると、申請者数1万９０１人に対し認定数は28人。認定状況はますますシビアになっているようだ。

コンゴ人男性が申請から聞き取りまでに1年以上待たされたこと、再審査の聞き取りまでさらに2年8カ月かかったことなど、行政の酷薄な処遇が次々に明かされる。13年には入国管理局に収容された。強制送還の危機である。男性は支援者の助けで不認定処分取り消し訴訟を起こす。そして長い裁判の末、15年10月に難民認定が下りた。日本に来てから7年もの月日が流れていた。

国、行政の冷ややかさは、わたしたち自身の無関心の表れでもある。都市に住む多くの外国人の中に、ひとりの難民が存在すると想像できる人が、はたしてどれほどいるだろうか。今年の国連難民映画祭のサブタイトルは「観なかったことにできない映画祭」という。難民の存在を身近に知るための絶好の機会と思う。

２０１７年９月26日
劉永昇

『ジャックと豆の木』に期待

『ジャックと豆の木』という週刊誌サイズの季刊映画雑誌が去年の12月に創刊された。「映画と映画館の本」というサブタイトルがつけられてはいるものの、とても映画雑誌には見えない。題名もさることながら、まるで絵本のような、おしゃれな装丁なのだ。

8月に出た夏号は、池澤夏樹と野上照代をゲストに招いた座談会を冒頭で組んでいる。小説を書く前の池澤が日本語字幕をつくった「旅芸人の記録」をはじめ、「ブリキの太鼓」や「悲情城市」など、フランス映画社が配給してきた名画の数々を振り返っている。特集はほかにもあって、東京の渋谷、池袋、阿佐谷でそれぞれに独自色を打ち出して健闘している名画座支配人座談会も読み応えがある。

発行元は横浜市にあるミニシアターの「シネマ・ジャック&ベティ」。編集スタッフはデザイナーや雑誌編集者、写真家、学芸員、映像作家ら約15人。映画と映画館を支えているさまざまな人々をフィーチャーする対談やインタビューを、毎回約140ページに収録している。

これまでのところ、『キネマ旬報』や『映画芸術』が掲載するような、映画批評家による長文の作品批評は見当たらない。そのかわり、映画を取り巻く厳しい状況をいかに打開していくかという現場の奮闘ぶりが、たくさん読めるような内容となっている。これから映画業界で仕事をしたいと考えている若い映画ファンには必読の業界誌といえるかもしれない。

映画という大きな木の根っこの張り具合を確かめながら、木の全体に栄養を行き渡らせる。『ジャックと豆の木』はその手立てを探る雑誌なのだろう。

２０１７年10月31日
古田一晴

ただ会えないだけだ

去る10月28日、創業者稲垣喜代志が亡くなった。予期せぬ突然の別れであった。1963年の風媒社創業以来、東海の出版・言論の主柱であり続けた巨大な存在の喪失を前に、わたしの脳髄は未だ失語状態にある。ここで何かを記すとすれば、やはり書物を頼り言葉を捜すほかない。

中村星湖が二葉亭四迷に手向けた文章に次のくだりがある（「二葉亭を想う」）。「眼には一種物凄い光があった。体は大きく、がっしりとして居て／ちょうど老書生か老壮士と言う風……」。まさしく稲垣さんと初めて会った印象と同じ。「生前は恐い人のようにも、懐しい人のようにも、どちらにも取れた」と続くのもそうだ。結局「私の鈍い頭では判断が出来ない」。

石原吉郎がシベリア抑留生活をともにした畏友《いゆう》・鹿野武一を悼んだ詩の一節（「サンチョ・パンサの帰郷」）、「あかあかもえつづける／カンテラのような／きみをふりむくこともう／できないのか／ふりむくことはできないのか」。詩人は友の存在を「おれの旗手」と呼び、戦後を生きる縁《よすが》とした。しかしもう、行く手を照らすその灯は永遠に失われてしまった。

この空白は埋めがたい。世界はもはや元に戻るまい。だが、金子光晴の棺を前に草野心平は弔詞をこう詠む。「これは死んだんじゃあない。昼寝だ。永遠の昼寝にはいったんだ……」。無頼派の友・坂口安吾の墓標には「竹の棒でも一本立てておけばよい」と石川淳は嘯《うそぶ》く（「安吾のいる風景」）。人は去った。しかし、べつに消えてしまったわけではない。ただ会えないだけだ。だから、その銘にきざむ文句も安吾に倣《なら》いたい。

「花の下には風吹くばかり」

２０１７年11月28日
劉永昇

「全身芸術家」の足跡たどる

ロック歌舞伎や大須オペラの演出で知られた岩田信市さんが亡くなって4カ月。アートシーンに残る岩田さんの足跡をたどる動きが出始めている。

地域総合雑誌『C&D』（名古屋CDフォーラム）は秋季号で特集を組んだ。同誌に連載した美術批評が唯一の単著『**現代美術終焉の予兆**』（スーパー企画）になったことも紹介してあり、しゃべると誤解を招くことの多かった岩田さんが文章はいたって繊細な書きぶりだったことを思い出した。

芸術批評誌『REAR《リア》』（リア制作室）は来年2月に出す41号で特集する。親交のあった美術家、演劇家、評論家ら十数人が寄稿するという。地元の名古屋市美術館や愛知県美術館にも、名古屋を離れることがなかった岩田さんの調査研究を深めていくよう期待したい。

１９６０～７０年代前半は、名古屋の伏見や今池でジャズ喫茶を経営しながら、ゼロ次元の中心メンバーとしてパフォーマンスアートに傾倒した。70年代末にスーパー一座を旗揚げしてからは、大須を拠点に、前衛芸術のにおいが漂う大衆演劇の演出家として力を発揮した。

生活に困らず好きなことに没頭することができた岩田さんの人生は、ざっと見渡せばそういう感じだ。しかし、全身芸術家という呼び方がふさわしい岩田さんの表現活動は、市長選立候補などを含めて多岐にわたり、一筋縄で全身像を引っ張り出すのはとても難しい。60年代のパフォーマンスアートについては黒ダライ児の『肉体のアナーキズム』（グラムブックス）が詳しい。岩田さんが身を投じた〝反逆の地下水脈〟をたどる大著だ。

２０１７年12月12日
古田一晴

『震災画報』宮武外骨の逞しさ

出版業界に足を踏み入れた当時、原稿は紙に書くものだった。作家や評論家の仕事場を訪ね原稿をもらってくるのが学生アルバイトの主な仕事だったが、必ず枚数を点検しなければならない。何十カ所も修正や削除を加えられた原稿の枚数を計算するのは大変だった記憶がある。編集部では記者たちが「ペラ」という二百字詰め原稿用紙に向かい、記事を書いては破りしていた。

最初に勤めた会社にはワープロがあった。といっても20字しか表示できないので、長い文章の作成には向かなかった。それでも編集者たちは争ってそれを使った。やがて仕事の主要なツールになるだろうと予感していたからだ。手書きの原稿は年々減っていき、原稿はキーボードで「打つ」ものになった。そして現在、大げさに言えば紙の原稿は不要になった。ＰＤＦをメールで送れば事足りるのだから。編集者の仕事内容も激変した。テクノロジーに強く依存する仕事になったのである。

明治から昭和にかけて活躍した出版人・宮武外骨の著作に『**震災画報**』（ちくま学芸文庫）がある。この本は関東大震災のわずか3週間後に刊行されている。どうしてそれが可能だったかといえば、火災で溶けてしまった活字の不足を「大小活版の混用」や「漢字の仮名書き」で乗り切り、紙は買い置きの和紙を使い、「自宅の婦女子」が製本したからであった。

インフラの壊滅状態にあっても「拙技粗造は寛恕《かんじょ》を乞う」とことわり、外骨は出版をあきらめなかった。悲惨な現実を前に、どうあっても今この本を出すのだという逞《たくま》しさを、はたして私たち現代の編集者は持っているだろうか。阪神大震災から23年の日に、自戒をこめて。

２０１８年１月30日
劉永昇

室伏鴻、変わりゆく様

毎年1月はたいした新刊が見当たらないのが普通だが、月末に『**室伏鴻集成**』が河出書房新社から刊行された。

室伏がどれだけすごい舞踏家だったかは、いまさら語る必要はないだろう。1970年代後半、日本に見切りをつけるようにヨーロッパに旅立ち、各国で公演し、日本の舞踏芸術をヨーロッパに認知させた。

本書は、室伏が新聞や雑誌、パンフレットに書いた文章をほぼ網羅し、一部は手帳や日記からも選び抜き、年代順にまとめてある。室伏の公演を見たことがある人なら、「身体と思考を極限まで究めた孤高の舞踏家」「美しく苛烈で凶暴な詩と哲学の結晶」とうたう帯の文言が、決して大げさではないことがわかるはずだ。

室伏は２０１５年6月18日、中南米公演中にメキシコで客死した。68歳だった。その２週間ほど前、サンパウロで記している。「すべて身にまとわりつくものは煩雑で、取るに足らない事ばかりに思える」「一切合財が消えてなくなるのだ」「すべて、トリトメのなさを排して集中すべきは、その瞬間の変成、生成であるだろう。変わりゆく、私である」

室伏がヨーロッパに行く前のこと、福井県の山に開いた活動拠点を訪ね、近くの学校に寝泊まりしたことがある。「アリアドーネの會」が78年に名古屋の鈴蘭南座で公演した時には受け入れスタッフを務めた。

昨年11月、東京・早稲田にある室伏鴻アーカイブカフェに立ち寄った。室伏の映像や写真、創作ノート、愛読した哲学書や思想書などが整理されているのを見て、岩田信市のアーカイブも必要だろうと、ふと思った。

２０１８年２月20日
古田一晴

故郷《ふるさと》をあきらめない

「ここは、私のふるさとなんです」。人権侵害事件の被害者・辛淑玉《シンスゴ》さんは昨年、提訴の記者会見でそう語った。そして今年3月8日、放送倫理・番組向上機構（BPO）の放送人権委員会は、東京メトロポリタンテレビジョンの情報バラエティー番組「ニュース女子」に、辛さんに対する名誉毀損の人権侵害があったと認定した。

中立人である「のりこえねっと」共同代表の辛さんは、沖縄の米軍基地反対運動を取り上げた昨年1月の番組内で「反対派の黒幕」と名指しされた。このデマが拡散したことで、辛さんは平穏な日常生活を奪われた。見知らぬ人からも公然と悪意を向けられるようになり、安全のため日本から避難するところまで追い詰められた。

「ニュース女子」が決定的に毀損《きそん》したものがもう一つある。それは放送メディアの存在意義そのものである。内容の偏向が早くから指摘されていたにもかかわらず、この番組が放映され続けていたことは、言論の自由の保障、多様な意見の尊重のためとばかりは言えまい。そこに番組を制作したスポンサーへのおもねりがなかったか。また、番組の司会者が有力ブロック紙の論説副主幹だったことも深刻だ。放送と新聞というマスメディアの両輪が、社会的発言をする女性の言論を踏みにじったことになる。

自分をおとしめ、排除した社会を「ふるさと」と語った辛淑玉さん。その言葉は、日本人の若い人たちに向けられていた。ともに恐れをのりこえ、憎悪を断ち切る、この「のりこえねっと」の願いを実現するために、今度こそメディアは力を尽くさなければならない。

２０１８年３月20日
劉永昇

多才な出版人、石田亘氏を悼む

おもに日本史の学術研究書を出版している校倉書房（東京）の代表、石田亘《わたる》さんが3月9日に亡くなった。85歳だった。手元の資料によると石田さんは東京生まれで、早稲田大学で国文学を学んで卒業したあと国史を専修しなおし、20代半ばの１９５９年に校倉書房を創立した。

硬派の歴史書出版社だ。時流にのったベストセラーよりも地味に売れつづけるロングセラーを世に出すことを考えていた。『全訳　マルコ・ポーロ東方見聞録』や、続編も出た『地名語源辞典』は、そうした本の一冊といえる。

優れた歴史書の普及をめざして有志出版社がつくった「歴史書懇話会（歴懇）」の中心人物の一人でもあった。ちくさ正文館は72年から、歴懇の推薦本を置く特設店になっている。

石田さんは、名古屋で歴懇の研修会などがあると店に立ち寄り、遠慮がちな話し方で、そろえるべき本や並べ方など、「歴史書の棚の作り方」を助言してくれるのだった。

石田さんには出版人のほかに山男の顔があった。本州や北海道の連峰を踏破した青年期の思い出などをまとめた随筆集を、10年ほど前に、自社から刊行した。『**つむじまがりの山登り**』という題名だった。

石田さんはミュージシャンでもあった。オールドジャズのバンドを組み、各地で公演した。沖縄の教会で賛美歌演奏会をした時のCDを贈ってくれたことがあり、そこではバンジョーとボーカルを担当していた。

「歴史書懇話会」は今年50周年を迎える。6月の総会で久しぶりにお目にかかれるのを楽しみにしていた矢先の悲報だった。

２０１８年４月３日
古田一晴

週刊誌〝砲〟道の陰に

週刊誌〝砲〟道がかまびすしい。『週刊新潮』２０１８年4月19日号の「財務次官セクハラ疑惑」が大きな反響を呼んでいる。最近は「文春砲」の陰に隠れて目立たなかったが、久々に面目を施したというところか。

『週刊新潮』は出版社発行の最初の週刊誌である。創刊は１９５６（昭和31）年2月。当時は新聞社系週刊誌の全盛時代で、新潮社は全国紙の扱えない分野を編集方針に据えた。「金」「女」「事件」がその三本柱であり、創刊編集者の斎藤十一は「俗物主義」を掲げた。59年には『週刊文春』『週刊現代』が創刊。女性誌も次々に登場し、昭和30年代は週刊誌の勃興期となった。81年に創刊された日本初の写真週刊誌『ＦＯＣＵＳ』もまた新潮社刊である。日本の週刊誌ジャーナリズムの先駆者は善くも悪くも『週刊新潮』と言うことができそうだ。

数々のスクープを放ち、喝采と非難を浴びてきた週刊誌が、いま「冬の時代」にある。部数雑誌メディアの退潮が著しい中、スクープに部数を依存する週刊誌も例外ではない。部数減の時代に報道メディアと商業雑誌という二つの役割をどう両立させるか、現在も苦しい模索が続いているように見える。

その『週刊新潮』にちょっとした変化があった。コラム「東京情報」が最終回を迎えたのだ。このコラムは、特派員ヤン・デンマンのニッポン見聞録という趣向の覆面記事で、辛口な日本批評として定評があった。もとは斎藤十一が執筆していたとされている歴史的な連載である。その静かな終焉は果たしてどんな変化の兆候なのだろう。長年の読者として、気になるところだ。同連載の最近のものは評論家・呉智英氏がセレクトした『**外国人記者が見た平成日本**』（**ベストセラーズ**）で読むことができる。

2018年5月8日
劉永昇

岩田信市さんに「音楽家」の顔

名古屋で出ている芸術批評誌『ＲＥＡＲ《リア》』の最新41号が岩田信市追悼特集を組んでいることを朝日新聞が紹介していた。岩田さんについての単著は、もはや入手不能といえる本人による美術評論集『現代美術終焉の予兆』（スーパー企画）ぐらいしかなかったから、同誌の特集は特筆に値する。

１９６０年代のハプニング集団「ゼロ次元」にはじまり、70年代の末からざっと30年間に及んだロック歌舞伎「スーパー一座」まで、岩田さんの足跡をたどるときに見落としがちなのが「音楽家」としての顔だ。演奏者ではなかったが、良い音を聴くために自分でアンプを組み立ててクラシックを楽しみ、同時に、時代の先端を行く音楽を評価できる感性を持っていた。

特集巻末の年譜にもあるように、65年に名古屋・伏見の路地裏にあったジャズ喫茶「グッドマン」の経営を引き継ぎ、70年には姉妹店を今池に開いたほどの音楽好きだった。十数人で満席になる狭いグッドマンに、年譜には出てこないが、フリー・ジャズのサックス奏者阿部薫を招いてライブを開いたことがある。

いま考えればファン垂涎《すいぜん》の演奏会だ。「ゼロ次元」の活動と並行して、先物買いの目を備えていた岩田さんは、そんなことも企画していた。そういえば、梅津和時の生活向上委員会大管弦楽団を名古屋の鈴蘭南座に呼んだのも岩田さんだった。これは「スーパー一座」を立ち上げるころだった。

ちなみに阿部薫の伝記風小説『エンドレス・ワルツ』を書いたのは愛知県愛西市出身の稲葉真弓、それを映画にしたのは名古屋にシネマスコーレを開設した若松孝二だった。

２０１８年５月22日
古田一晴

出版界の第二の敗戦

『出版状況クロニクル』というブログがある。２００８年４月の開設以来、出版業界の最新動向を毎月伝え続ける。ブログ主人・小田光雄氏の考察は鋭く、異業界の人も引き付ける。

「クロニクル１２１」（18年5月1―31日）は「取次業は崩壊の危機にある」との日販社長の発言と「出版業界は未曽有の事態が起こりつつある」とするトーハン社長の見解を取り上げる。この2社は国内で販売される本の約7割を扱う出版流通の双璧。そのトップがそろって存亡の危機を叫ぶのだから、「非常事態宣言」だ。それなのに「マスコミや業界紙も大問題として言及することを避けている」（クロニクル１１９）。

出版業界には『新文化』と『文化通信』という業界紙がある。どちらも一般の人が目にする機会はほとんどないし、一般紙も出版業界のことをめったに書かない。だから、そこでいま何が問題となっているか、世間の人は知る由もない。表現・言論の自由を担う業界の内情は読者には知らされないのだ。

こうした閉鎖性はどこから来るのか。出版界にはかつて権力に屈服し、戦争に協力した前歴がある。存亡の危機を前に迎合の道を選んだのである。戦後、戦争責任を問われた出版社は7社だが、戦時下を生き延びた出版社のほとんどは、記録が残っていないだけで、等しく脛《すね》に傷を持つ身と言える。「クロニクル」はそのことへの問題意識から、歴史を検証する資料とするべく生まれたという。出版界はいま再び存亡の危機に立つ。ＩＴの進化による「第二の敗戦と占領」（クロニクル１１９）である。選ぶのは時代への迎合か、それとも各々の信念を貫く道か。

２０１８年６月19日
劉永昇

美術家・水谷勇夫の縄文文化論

現代美術家の水谷勇夫（1922―2005）が執筆した『**神殺し・縄文**』を名古屋の人間社が文庫本で復刊した。

水谷は名古屋生まれ。独学で絵を学び、人間社会につきまとう不条理や、底辺で迫害される人間に目を向けた作品を制作した。東京の有名画廊の個展や新聞社主催の現代美術展、海外の美術館などが開く企画展をおもな発表の場としていた。

杉浦明平が朝日ジャーナルに連載した『小説渡辺崋山』の挿絵を担当したこと、大野一雄や土方巽、麿赤兒《まろあかじ》ら前衛舞踏家の舞台美術を担当したことでも知られる。

土方との交遊は1960年の初リサイタルに「格安の馬鹿でかい紙くずの装置」を提供したのが始まりだった。84年11月、講演活動で国内を回っていた土方が、水谷の主宰する

「なごや絵学校」を訪れ、〝最後の講演会〟を開いた。親交を物語る逸話といえる。

『神殺し・縄文』は74年に出版された縄文文化論考集だ。少年のころに掘り出した縄文土器の破片によって画家の道にいざなわれたという水谷にとって、縄文人の声を聞くことは長年の念願だった。

40代半ばを過ぎてから、画業のかたわら、これもまた独学で研究に取り組んだ。「変幻自在で怪奇ともいえる土器や土偶の図像と神話世界との脈絡を探り、原日本と現日本との血流を証明する」ために執筆したのが『神殺し・縄文』だった。

岡本太郎もそうだったが、縄文文化には美術家をとりこにする力があるようだ。水谷の画業を支えた根っこの思想にかかわる貴重な著作に光を当てた人間社の仕事を評価したい。

２０１８年７月３日
古田一晴

墓碑が伝える関東大震災

地下鉄「自由ケ丘」駅近くの名古屋・日泰寺墓地。その北の一角にさして目立たぬ墓碑があり、裏にはこんな言葉が刻まれている。「大杉栄、野枝ト共ニ、犬共ニ虐殺サル」。これはアナキスト大杉栄の甥、橘宗一《むねかず》の墓だ。大正12（1923）年9月16日、大杉と妻・伊藤野枝は関東大震災を逃れ避難した弟夫婦を鶴見（現横浜市）に見舞い、そこに預けられていた妹の子・宗一を連れて東京に帰った。午後6時頃、3人が八百屋で梨を買っているところを憲兵大尉・甘粕正彦の部隊が検束、惨殺した。6歳の宗一も大杉の息子と見なされ、殺された。

9月1日正午近くに起こった関東大震災は、およそ10万5000人の命を奪う未曽有の大災害だった。しかし、そこに〝人災〟による犠牲者は入っていない。混乱下に朝鮮人の虐殺、社会主義者の抹殺が行われたが、正確な犠牲者数がわからないのだ。

日泰寺に宗一の墓碑を建てたのは愛知県出身の父・橘惣三郎である。長く忘れ去られていたが、1972年、犬の散歩をさせていた女性が碑文を読み、『朝日新聞』に投稿。それがきっかけで保存会ができ、毎年墓前祭が開かれるようになった。今年は命日9月16日に営まれる。権力に幼い命を奪われた少年の無念と、父の悲憤を忘れぬために。

愛知県内には、ほかにも関東大震災の記憶を語る場所がある。明治村の「新大橋」は、隅田川五大橋で唯一焼失を免れて約1万人の命を救い、「人助け橋」と呼ばれた橋だ。村内の建造物の多くが大震災を経験しているという。建物たちの「体験談」は、『**減災と復興—明治村が語る関東大震災**』（武村雅之、風媒社）に詳しい。

2018年9月4日
劉永昇

キソウテンガイ、天野天街展

芸術の秋にふさわしいイベントが目白押しのなか、「揚輝荘天街展」はイチオシだ。名古屋市千種区の日泰寺近く、揚輝荘の南園にある聴松閣で11月15日に開幕する。

天街といえば天野天街に決まっている。愛知県一宮市生まれの演劇人。１９８２年に22歳で「少年王者舘」を旗揚げし、演出家・劇作家として名古屋を拠点に活動してきた。近年は糸あやつり人形劇で新境地をひらいた。来春には新国立劇場で新作「１００１」（仮題）を披露する。すでに〝全国区〟の人だ。

天野さんは舞台ポスターも自作する。手法はコラージュ。おもに昔の少年雑誌、ほかに絵画や図鑑、ポスターをコピーして膨大な図像を切り抜き、貼り付ける。完成品は、夢と現実が交錯する圧倒的な混沌の情景、つまり天野さんが演出するキソウテンガイの舞台そのものだ。

どこか懐かしさを感じさせる原画約50枚が、昭和初期の雰囲気をいまに伝える市指定有形文化財を会場に公開される。天野さんが監督をつとめ、ドイツとオーストラリアの国際短編映画祭でグランプリをとった「トワイライツ」を16ミリフィルムで上映する。「百人芝居◎真夜中の弥次さん喜多さん」の原作漫画家しりあがり寿さん、はやくから天野さんに注目しているフランス文学者巖谷國士さんのトークなどもある。

天野さんの舞台は初日に演出が固まっていることはほとんどない。公演を重ねながら楽日に完成する、そんな感じだ。脚本はせりふと図解で埋まっているらしい。雑多な書きこみも含めて丸ごと本にした「天野天街全脚本集」が刊行される日が、いずれ来ることを期待したい。

2018年10月2日
古田一晴

出版現代史の「証人」休刊

『出版ニュース』の休刊が決まった。来年3月下旬号が最終号になるという。いわゆる業界誌だからなじみが薄いかもしれないが、月3回刊行を70年続け、業界内外に広く知られてきた歴史ある雑誌である。まもなく通巻3000号を迎えようとしている矢先の発表だった。

『出版ニュース』の前身となる雑誌は戦中の1941（昭和16）年、日本出版配給株式会社（日配）の機関誌として創刊された。「日配」は書籍・雑誌を独占的に書店に配給する会社で、出版統制の重要な存在であった。出版物を「思想戦の弾丸」として重視した内閣情報局は、出版物の流通機構を支配するとともに、全国の書店組合を組織化、出版社には企画の事前審査をし、その内容により用紙の割当量を決定した。こうして出版界は、企画から販売まで、すべての面で政府の強力な統制下に入ったのである。

敗戦後の48年、GHQの命令で「日配」は解散となる。翌49年、出版ニュース社が設立され、『出版ニュース』の刊行を引き継いだ。同誌はいわば戦時体制の申し子として誕生し、敗戦とともに新たな歩みを始め、以来現在まで70年の歴史を刻んできた。その存在自体が出版現代史の証人なのである。

同誌は、いわゆる業界事情ばかりでなく、表現、言論、社会の動向に目を向けたユニークな雑誌として愛読する人がいた。毎回さまざまな出版社の編集者が書き継いだリレーコラム「編集者の日録」は、現在1217回の長きにわたっており、それぞれの本づくりの現場から発せられた稀有な記録と言うことができる。後世の編集者にとって財産となるべきものだ。

2018年11月6日
劉永昇

連城文学、底流に本格推理

名古屋ゆかりの推理小説作家といえば、まず小酒井不木（明治〜大正）の名前が浮かび、次は江戸川乱歩（大正〜昭和）と決まっているが、三番目に連城三紀彦（２０１３年に65歳で死去）を挙げることのできる人はどれほどいるだろうか。

連城さんは１９７７年、30歳目前で探偵小説雑誌『幻影城』の新人賞をとってデビューし、４年後に『戻り川心中』で日本推理作家協会賞をとった。ところが『恋文』で直木賞作家となった30代半ばから恋愛小説もたくさん書くようになり、映画やテレビドラマにもなった。

浅木原忍さんの『**ミステリ読者のための連城三紀彦全作品ガイド**』（論創社）は、「連城=恋愛小説」という誤解を解き、本格推理の本流にいた連城さんを知ってもらうことに狙いを置いている。同人誌版だった初版が玄人筋から絶賛され、本格ミステリ大賞（評論・

研究部門）を受賞して再出版された。

没後刊行をふくむ長編と短編集ざっと60冊と単行本未収録作品に目を通し、作品ごとに書誌データと解説を付けている。恋愛小説と推理小説の要素が不可分に絡みあい、奇抜なトリックの妙味を流麗な文章で楽しませてくれた連城さんの全体像に迫る好著だ。連城さんが完全に推理小説を離れた時期など存在しなかったことがわかる。

浅木原さんが連城文学を語る文学講演会が、12月15日に名古屋市中区の長円寺会館で開かれる。あいち文学フォーラム（市川斐子代表）が主催する。北海道の市立小樽文学館で今春あった「連城三紀彦展」を監修した本多正一さん、連城さんの甥で晩年まで身近に暮らした水田公師さんが作家の面影をたどる。

２０１８年11月20日
古田一晴

「みんなのデータサイト」

クラウドファンディングで資金公募するプロジェクトはいまや珍しくない。被災地支援などの公共性の高い活動から、ベンチャー企業への出資まで幅広く行われており、本の出版に利用するケースも少なくない。今年11月、福島市に事務局を置く「みんなのデータサイト」がクラウドファンディングで1冊の本を出した。『**図説・17都県放射能測定マップ＋読み解き集**』である。

「みんなのデータサイト」は全国の市民放射能測定室のネットワークだ。原発事故後、日本各地に民間の放射能測定室が生まれ、市民から依頼を受けて食品の測定を行ってきた。それらのデータを集約し一般に公開することを目的に発足した団体である。２０１４年からは東日本の土壌放射能測定を開始し、本書にはそれら6年間の測定結果（食品測定1万件以上、土壌測定17都県3400カ所以上）がまとめられ、「お母さんから専門家まで」に読んでもらえるようわかりやすく解説されている。

クラウドファンドの当初目標額は250万円だったが、終了時には1288人の支援者から600万円を超える支援が集まった。そこで発行部数を倍の3000部に増やし通販を開始したところ1カ月で完売、現在第2刷を印刷中という。

なぜこの本がそれほど待たれていたのか。背景に「高すぎる安全基準」「早すぎる安全宣言」への疑念があること、そして測定室のメンバーに生産者である農家自身も加わっていることが、データのもつ意味をさらに重くしていると言えるだろう。こうした市民発の新しいかたちの出版が今後増えていくことを予感させる。

2018年12月18日
劉永昇

平出隆さんの本と展覧会

詩人・文筆家・編集者・造本家で、多摩美術大学教授兼図書館長でもある平出隆さんの自伝的エッセー集が、紀伊國屋書店から出た。書名は『**私のティーアガルテン行**』。10年ぶりに訪れたら壁が消えていたベルリンで、世紀末の1年間を過ごし、そこの風景や空気に触発されて書き始めた20編の文章がまとめてある。

少年時代の恩師や友人、詩人デビュー当時の仲間、文芸雑誌で編集を担当した川崎長太郎のことや読んできた本のことなどを振り返っている。しかし単純な回想記ではない。全体の軸になっているのは文字や紙のメディアをめぐる思索である。

「謄写版があたりまえの幼少期からインターネットがあたりまえの初老期まで、書記技術の大きな変化を全身に被りつつ、書くことと読むことを経験してきた世代の記録」（あとがき）として平出さんはこれを書いた。それを読む私たちは、書物の新しいかたちを探している平出さんの思想の源泉近くを散歩していることになるだろうか。

久しぶりの単著刊行に続くかたちで、ＤＩＣ川村記念美術館（千葉県佐倉市）が昨秋から開いていた「言語と美術――平出隆と美術家たち」を、12月に見てきた。加納光於《みつお》、中西夏之、若林奮《いさむ》、瀧口修造、河原温《かわらおん》……名だたる美術家の作品と言葉を、詩人である平出さんが読み直し、美術と言葉あるいは書物の、豊かで奥深い世界を垣間見させてくれる展覧会だった。

半日しかいられなかったのが残念だったが、参観した時には完成していなかった展覧会図録（平出隆編著）が、港の人（神奈川県鎌倉市）から年末に刊行された。書店で入手できる。

２０１９年１月22日
古田一晴

スリップを救え

「スリップを救え!」。これは『本の雑誌』2018年10月号の特集名。ではスリップとは何か。通称「短冊」「坊主」、正式名称を「売上スリップ」という。書店の本に挟んである二つ折りの細長い紙片のことである。

本を出荷する際に出版社が挟み込み、書店のレジで抜かれてしまうため通常読者の手元には残らない。書店で一度よく見てほしい。二つ折りの頭頂部がくりぬかれ丸く飛び出している。「坊主」の由来である。「坊主」が正しく見える表面に「補充注文カード」、裏には「売上カード」と印刷されている。スリップには発注と売り上げ情報管理の機能があり、二枚に切り離して使用される。また、会計が済んでいるかどうかの目印にもなり、万引き防止にも役立つという優れものである。

スリップは大正元年ごろ、丸善の店員・斎藤哲郎氏が考案したものという。在庫の正確な把握と適切な注文数を割り出すために「必要が生んだ発明」であった。それを出版社が導入し、一般に普及したのは昭和30年ごろ。以来長きにわたって定着してきた日本独自のシステムだ。だが、昨年春に角川文庫がスリップ廃止を決めてから他社の追従が続き、「このまま無くしてしまっていいのか」と『本の雑誌』編集部は問いかける。

書店の現場でいかにスリップが活用されてきたか、出版社の人間も知らないことが多い。どんな本が一緒に売れたか、売れたのは棚の本かそれともフェア台か……、そんなデータ化できない手触りの情報がわかるという。書店が一冊の本だとしたら、スリップは書店員のたどる栞《しおり》みたいなもの。うかつに棄ててはならないものだ。

２０１９年２月26日
劉永昇

詩の朗読会をめぐって

「名古屋ポエトリーリーディング大百科」というトークイベントが書店2階の喫茶「モノコト」で開かれた。谷川俊太郎と詩を朗読する「俊読」を全国で開いている桑原滝弥（三重県四日市市出身）や、名古屋のライブハウスで活動している朗読詩人の鈴木陽一レモンらが参加した。

詩人の出版記念朗読会は昔からあったが、関係者だけの閉じた行事だった。現在のような、詩を愛する普通の人たちに開放され、パフォーマンスの要素が強いイベントになったのはいつごろからか。名古屋の事例でたどろうとしたが、はっきりした共通の知識を誰も持ち合わせていないことに気づいた。

大きな流れは1960年代半ばに米国から来たように思う。サンフランシスコでギンズバーグの朗読会を成功させたレクスロスが67年に来日し、東京と京都で朗読会を開いたあたりからだろう。京都では同志社大学が会場だった。5年後の72年に大学近くに開業した喫茶店「ほんやら洞」が、その後長らく、詩人たちが集まって自作の詩を朗読する場所となった。

名古屋では80年代、瀬尾育生らの詩誌『菊屋』があった。中心街の伏見にあったライブハウスなどで毎年「菊屋まつり」を開き、多くの若者たちでにぎわった話は、以前この欄で紹介した。しかし、その周辺の出来事や人物の関係がほとんど星雲状態で全体像がつかめない。2015年に焼失したほんやら洞については、『ほんやら洞日乗』(風媒社)ほか何冊か本が出ている。名古屋でも「菊屋とその周辺」を見渡せるような本をだれか書いてくれないだろうか。

2019年3月12日
古田一晴

渾身の沖縄裏面史

沖縄県の書店員が選ぶ「第5回沖縄書店大賞」沖縄部門に藤井誠二『**沖縄アンダーグラウンド**』が選ばれた。小説部門の受賞は直木賞を取った真藤順丈『宝島』。ともに沖縄の戦後史、いわば裏面史に材を採った両作には、著者が内地出身者（ナイチャー）というもう一つの共通点がある。

『沖縄アンダーグラウンド』は「特飲街」と呼ばれたかつての売春街のルポルタージュだ。街に生きた女性たちの消えゆく言葉を集め、その生活史と人生を丁寧にたどった渾身の作品である。

敗戦後、沖縄は米軍の占領下に置かれた。27年間に及ぶ「アメリカ世《ユー》」である。それは理不尽な暴力が日常的に吹き荒れる時代だった。「特飲街」はいわば、頻発する米兵の性暴力から女性と子どもを守るための「防波堤」だったという。1972年に沖縄は本土復帰を果たすが、「特飲街」はその後も半ば公然と存在してきた。そして2010年以後、官民一体で進められた「浄化運動」によって街は急速に消滅していった。

そんな「街」の歴史を書くことに今さらどんな意味があるのか。沖縄の恥部をヤマトの人間が暴くことではないか――。そうした批判をよせつけず、『沖縄アンダーグラウンド』が沖縄の読者に強く支持されたのは、著者がナイチャーであることと無関係ではないのかもしれない。理不尽な現実をありのままヤマトの人たちに伝えてほしいというのが、今回の受賞に込められた願いかもしれない。どんな隔たりをも超えて、本は、人と人とをつなぐものだから。

藤井氏の次作、人物ルポ集『**路上の熱量**』(風媒社)でも沖縄は重要な要素の一つとなる。

2019年4月12日
劉永昇

スリップレスの先に

風媒社の劉永昇編集長がこの欄で「スリップを救え」と書いていた。まったくその通りだ。本に挟まった「売上スリップ」を廃止するスリップレスの動きが大手出版社を中心に急速に進んでいる。もはや原状復帰は期待できそうにない。

書店員のポケットには売れた本のスリップが何枚も入っている。店内を動きながら何度もスリップを点検し、品ぞろえや本の並べ方など様々なヒントをそこに書き込む。それが客の期待に応える「棚づくり」につながっていく。スリップの活用が本屋の質を決めるのである。電子データではつかみきれない情報を、一枚一枚のスリップを通して書店員は蓄積する。

スリップのない本が店着すると、私たちは手作りしたスリップを本に挟み込む。朝一番の作業である。出版社の苦境はわかる。しかし、効率化や経費削減を追求してスリップを廃止した先に、どんな事態が待っているか。不安が募る。

フリーランス書店員の肩書を持つ久禮《くれ》亮太が『**スリップの技法**』（苦楽堂）でそのあたりのことを詳述している。おもに出版社や書店で働いている人に向けて書かれた本ではあるが、書店の仕事に興味のある方には一読をすすめたい。

余談になるが姜泰煥《カンテファン》と大友良英、新鋭ダンサー木暮香帆、なかなかの顔ぶれのライブがこのほど書店2階の喫茶モノコトであった。2時間にわたる即興パフォーマンスを満席のざっと50人が楽しみ、私も堪能した。姜は韓国の伝説的サックス奏者。大友は説明不要だろう。ずいぶん前に三重県亀山市でライブを見たときは木暮のかわりに田中泯が踊った。

2019年4月26日
古田一晴

『鎮魂歌』異物感に向き合う

名前のない異物感が胸に残る。『鎮魂歌《レクイエム》　闇サイト事件・殺人者の手記』（インパクト出版会）を読み終えた感想である。

事件は2007年8月、名古屋で起きた。ウェブサイト「闇の職業安定所」で知り合った三人組が深夜、通りがかりの女性を車に押し込んで拉致し、現金数万円とキャッシュカードを奪って殺害した。その犯行の残忍さと、インターネットを介して見知らぬ者が共謀するという手口が社会に衝撃を与えた。マスコミも大きく報道した事件だから強く記憶している方もいるだろう。犯人グループは全員逮捕され、『鎮魂歌』の著者・堀慶末《ほりよしとも》被告もまた死刑判決を受ける。その後、控訴審で無期懲役に減刑となるが、二つの余罪の発覚で再び死刑判決を受けた。

『鎮魂歌』は、現在名古屋拘置所に収監されている著者が死刑囚表現展に応募し、特別賞を受賞した作品である。いわゆる「衝撃の事実」のような話があるわけではない。現実と向き合うことを拒み、他者の生命を犠牲にして生きようとした男の身勝手な告解がつづられているばかりである。同時に、どうにもならないほどの人間の弱さにあふれた「作品」でもある。それが私たちを思考停止に陥らせる。その弱さに、どんな感情を向けてよいかわからない。読み終えて抱く異物感とは、そうした惑いなのだ。

6月14日、最高裁で余罪事件の最終弁論が行われる。それを理由にか、新聞が広告掲載に慎重な態度を示していると聞いた。それでは出版を通じて、死刑制度存廃の議論を高めたいという版元の願いを黙殺することになろう。ただの異物の排除に他ならない。

2019年5月31日
劉永昇

「半歩」先行く編集に夢中

晶文社の編集者だった小野二郎(1929—82)を回顧する展覧会「ある編集者のユートピア」を世田谷美術館(東京)で見てきた。ウィリアム・モリスの研究者だった小野は、大学で英文学を教えながら編集の仕事に力を注ぎ、モリスの芸術運動を実践しようともしていた。そういう小野の仕事ぶりを伝える展示品で目をひいたのは、何と言っても、小野が手がけた書籍の数々だった。

ピーター・ブルックの『なにもない空間』。中原弓彦(小林信彦)の『日本の喜劇人』。ビリー・ホリデイ自伝『奇妙な果実』や、エリック・ホッファーの『現代という時代の気質』。映画やジャズを評論した植草甚一の『ワンダー植草・甚一ランド』は筆者の奇抜なコラージュが表紙を飾っている。

どれも1970年代初頭に晶文社から刊行され、小野二郎がいなければこの世に出てこなかったと言えるこれらの本を、大学生だった私は手当たり次第といった感じで読みふけった。長い題名をはやらせた植草甚一の『雨降りだからミステリーでも勉強しよう』や『知らない本や本屋を捜したり読んだり』などもあった。

外国文学、思想、ジャズ、映画、演劇、ミステリー……。70〜80年代に多彩に開花したサブカルチャーに軸足をおいた晶文社の本は、書店に並ぶと間もなく無くなり、古本屋でもなかなか手に入らないので、図書館で借りることが多かった。一歩ではなく半歩先を行く編集が若者の気持ちを効果的につかんで夢中にさせた。募集枠1人の採用試験に400人が訪れたこともある晶文社。その出版活動の中心に小野二郎がいた。

2019年6月14日
古田一晴

「ジルバ」と「星屑」

数年来愛読してきた二つの作品が相次いで完結を迎え、ちょっとした喪失感を味わっていたところ、その両作がそろって手塚治虫文化賞を受賞した。マンガ大賞の有間しのぶ『**その女、ジルバ**』（小学館）と、新生賞の山田参助『**あれよ星屑**』（KADOKAWA）である。

平均年齢70歳の高齢バーで見習いホステスとして働く40歳独身OLが主人公の『ジルバ』。焼け跡の東京を舞台に闇市で再会した復員兵ふたりの戦後を描く『星屑』。絵柄も語り口も正反対の両作だが、ともに「人間と戦争」というテーマに深く切り込み、高い評価を受けた。

『ジルバ』では、ホステスたちやマスター、そして亡き女主人ジルバ、それぞれの人生が重層的に語られてゆく。なかでも戦前に海を渡った日系ブラジル移民一世であるジルバの凄絶な生きざまは、今まで語られることのなかった女性史の存在を示唆するものであり、現在の日本社会がとうに忘れ、封印してきた過去を呼び起こす。

一方、元陸軍軍曹・川島と一等兵・門松を物語の中心に据え、闇市に生きる人々の猥雑なエネルギーが印象的な『星屑』だが、戦地での体験に囚《とら》われ、その決着に心を奪われた川島の虚ろな眼差しがつねに作品の背後にある。物語の最終盤、分隊全滅にかかわった上官と出会うことで川島の時間は逆回りを始める。

かつて戦争は日常だった。そして戦争は終わっても日常は続く。その記憶と傷は個人の中で生き続ける。女と男、それぞれの視点から「戦後」を生きる人々を描いた二つの作品、それぞれの結末の違いを見てほしい。マンガという表現ジャンルはここまで深くなっている。

２０１９年７月12日
劉永昇

村山槐多の全貌が図録に

「没後100年　岡崎が生んだ天才　村山槐多展」（おかざき世界子ども美術博物館）は見応えがあった。18歳で上京するまでの京都時代に描き、旧制中学の同級生宅などに保存されていた130点を超す未発表作品が、旧知の作品とともに一挙に公開された。

初めて見る10代半ばの油彩や水彩、木炭やパステルのデッサンは、才能の芽生えをうかがわせる初期作品というよりも、すでに完成品だった。そして、たしかに槐多は22年5カ月で亡くなった早世の人だが、未熟や未完成を感じさせる夭折という言葉は槐多には当てはまらないのではないかとも思った。

展覧会の図録として『**村山槐多全作品集**』（求龍堂）が刊行された。会場で買い逃した人も書店で手に入る。B5変型の464ページに500枚近い図版を組みこみ、後半には詩、短歌、小説、戯曲、書簡、日記が収録してある。税込み定価は７０２０円。ちょっと値は張るが素晴らしい内容だ。絵画と文芸に才能を発揮した槐多の全体像を見渡せる図録が、初めて出来上がったといえる。

執筆したのは愛知県岡崎市生まれの村松和明さん。ながらく横浜とされていた槐多の出生地が、じつは岡崎だったことを究明した美術史家だ。今回の企画展は、美術界から高く評価された２０１１―12年の「村山槐多の全貌展」(岡崎市美術博物館)に続く大きな仕事だった。

図録には「真実の眼―ガランスの夢」という副題がついている。ガランスとは、やや沈んだあかね色。槐多が好んで使った絵の具だ。「一本のガランス」と題した短い詩が収録されている。一読をすすめたい。

２０１９年８月９日
古田一晴

池内紀とカール・クラウス

「愛国主義や人種偏見ほどに狭量なものはない。私にとって人間はすべて平等である。愚者ばかりだ」。

ドイツ文学者の池内紀《おさむ》さんが亡くなった。カフカ研究の第一人者として知られるが、筆者にとってはカール・クラウスの紹介者との思いが強い。冒頭に掲げたのは、そのクラウスの言葉。翻訳は池内さんによる（『**カール・クラウス著作集5　アフォリズム**』法政大学出版局）。本書に収められた激烈な警句はどれも忘れがたい。

カール・クラウスは19世紀末のウィーンで名をはせた批評家であり、雑誌『炬火（ファッケル）』を発行する辛辣な言論人であった。タブーなき筆鋒で性犯罪、幼児虐待から貴族階級の腐敗まで遠慮なく切り込んだ。個人誌にもかかわらず『炬火』は、最盛時に3万人近い購読者を集めたというからすごい。

第一次大戦下、クラウスは風刺劇『人類最期の日々』を書く。戦争賛美の発言やナショナリズムを扇動する新聞記事が大量にちりばめられた長大な作品だ。メディアが語る言葉が戦争への熱狂や排外主義を作り出していく様相を、ユダヤ人であるクラウスは冷徹に見ていた。彼はその証拠物件として、言葉を蒐集したのである。

『アフォリズム』を翻訳した1978年以後、池内さんは一時《いっとき》クラウス研究から離れるが、近年再び彼について語るようになっていた。分断の進む時代状況が要請したのだろう。クラウスの遺作「第三のワルプルギスの夜」に「リア王」の言葉が引かれている。「これが最悪だと言える間は、それは最悪の事態ではないのです」。ナチの暴虐を予告した警世家の言葉は、今私たちに何を告げるか。

2019年9月20日
劉永昇

コーネル展図録の出来栄え

画集や写真集などをそろえた「東京アートブックフェア」の盛況ぶりを朝日新聞夕刊（9月25日名古屋本社版）で読んだ。東京都現代美術館での4日間の開催に3万5000人が訪れたという。近年は電子書籍というものもあるから、紙の本のフェアだったことをここで断っておく必要もあるだろうか。

もともと美術の本は装丁に凝ったものが多い。フィルムアート社から刊行されている『**ジョゼフ・コーネル　コラージュ&モンタージュ**』は、最近出会った美しい本のなかでも特に目をひく出来栄えだ。黒い布をはった上製本（ハードカバー）で、表と背に銀色の英字で題名を小さく刷り込んだのが本体と同じ黒色の箱に入っている。その収まり具合といい、本の手触りといい、四六判という大きさも手伝って、とてもしっくりした感じがする。

ＤＩＣ川村記念美術館（千葉県佐倉市）が開いたコーネル展の公式図録だから、多くの図版を盛り込んだ内容が充実しているのは当たり前で、そのうえ見た目と手に取ってページをめくる時の感じが素晴らしいのだから、何も言うことがない。

箱のデザインは隅に貼ってあるコーネルのコラージュ素材の絵柄に応じて3種類ある。図録が美術館に並んだのは会期最終日だったという。入場者の多くは予約をして会期後に受け取ったのだが、本を手にして大抵の人は満足したはずだ。

コーネルは古書店や雑貨店で探した品々を手製の木箱に収めた作品で知られる。昔の映画のフィルム断片をつないだコラージュ映画は戦後アメリカの実験映画のさきがけだった。本に収録されたジョナス・メカスのコーネル評は一読の価値がある。

２０１９年10月４日
古田一晴

トップ屋・梶山季之の朝鮮

　韓国文学ブームに火がついている。版元各社が次々とシリーズを企画し、特集を組んだ『文藝』（河出書房新社）が86年ぶりに二度の増刷をするなど一段と盛り上がりを見せている。日韓関係の不和などどこ吹く風だ。話題作『82年生まれ、キム・ジヨン』を刊行した筑摩書房のウェブサイトでは19歳から64歳まで読者１００人の感想を読むことができ、国や社会の違いを超えて女性たちの共感を生んでいることがわかる。日韓の過去の歴史は遠景に退き、それが新しさでもあり、ブームの要因の一つと言えるのかもしれない。

　かつて「植民地」の記憶を書き続けた作家たちがいた。「外地」で生まれ、あるいは育ち、敗戦で引き揚げた植民地二世の書き手である。五木寛之、後藤明生、森崎和江、安部公房など著名な作家も多く含まれる。その中で最も早くから最も意識的に「植民地・朝鮮」を題材に作品を書いたのは小林勝と梶山季之だと思う。小林の作品は絶版が多いが、彼の生涯と作品について書かれた『**禁じられた郷愁**』（原佑介著、新幹社）が今年4月に出版された。

一方の梶山季之と言えば、週刊誌黎明期のトップ屋、通俗的な流行作家として有名だ。しかし彼には「朝鮮・広島・移民」という生涯のテーマがあった。戦後日本の繁栄の陰で忘却される負の記憶を、彼は手放さず追究することをライフワークとしていた。梶山はこれら三つのテーマを包括する大作に取り組んでいるさなか、取材先の香港で急死した。遺作の断片からでは全貌を知ることができないのは残念だが、彼の朝鮮小説は『**李朝残影**』（インパクト出版会）で読むことができる。

2019年11月1日
劉永昇

澁澤龍彦の全体像に迫る

『龍彦親王航海記　澁澤龍彦伝』が白水社から本になった。澁澤の最晩年に編集者として接した20代後半3年間、その日々を「恩寵」だったと振り返る磯崎純一の労作だ。

生誕から1987年に59歳で没するまでの、生涯と作品を時系列でたどっている。小説家や美術家、出版人らとの交遊が、日記のように再現してある。友人知人の「証言」を細大漏らさず集めているところもすごい。たとえば「一定の政治思想に組み込まれることを断固として拒絶する反イデオロギーの態度を貫いた人でもあった」という人物評の出典は、馬場駿吉の『時の晶相』(水声社)だ。

ざっと500ページの大著だが、すんなり読めた。すでに繰り返し読んだり聞いたりして頭の中にある澁澤をめぐる記憶が、本のあちこちですっぽりとおさまり、断片がつながって故人の全体像が見えてくる。澁澤ワールドに深く踏み込める絶好の資料であり、澁澤を軸にした戦後昭和の文芸史としても読める。

書名は最後の小説『高丘親王航海記』にもとづく。没後に読売文学賞をとった代表作だ。名古屋では1992年秋、白川公園に巨大舞台を設営して野外劇が上演され、当地の演劇史を語るうえで無視できない出来事となった。『航海記』は人形芝居にもなり、このほど名古屋でも披露された。また、澁澤が書き残したリストをもとにした『澁澤龍彦　泉鏡花セレクション』全4巻も、国書刊行会から配本が始まっている。

亡くなって30年がたっても澁澤はしばしば私たちの前に現れる。「没後史」というようなものが編まれる日がいずれ来るだろうか。

2019年11月15日
古田一晴

公文書は誰のものか

年末に向け本の整理をしていた。新しい本棚を2本玄関に置き、居間にもカラーボックスを積んだ。古書店に売りたい本もあるが、妻がまだ読んでないものは売ってはいけないというのがわが家のルール。書物は家族共有の大切な資源なのである。

世間を騒がせている「桜を見る会」スキャンダルでも、文書管理の問題がクローズアップされた。野党議員から提出を求められたその日に、内閣府が招待者名簿をシュレッダーにかけていたのだ。露骨な隠蔽としか思えないが、それ以前に公文書をそんなに簡単に廃棄していいのかという疑問を抱く。本棚から『**公文書は誰のものか?**』(榎澤幸宏・清末愛砂編、現代人文社)を取り出して読む。憲法学者による公文書管理を考えるための入門書である。

ここ数年立て続けに公文書をめぐる事件が起きている。本書の年表によれば、２０１１年の公文書管理法成立後も事件は増え続け、第2次安倍政権誕生後に急増しているようだ。そうした事件が私たちの生活にどんな影響を与えるかという視点から本書は編まれている。例えば「消えた年金記録」は家計を直撃する問題だし、「ＴＰＰ交渉記録未作成問題」は主権者の知る権利を無力化させる。また「自衛隊日報廃棄問題」は憲法の平和主義を有名無実化する違憲行為となる。

公文書管理法は、公文書は「国民共有の知的資源」と謳う。その野放図な廃棄、改ざんは国民主権に挑戦する行為と言うべきなのだ。「憲法こそ究極の公文書」と本書は説くが、改憲に入れ込む政権の現憲法を軽んじる姿勢が、まさにこの公文書軽視に現れているのではないか。

２０１９年12月13日
劉永昇

読書の楽しみが増す装幀の力

そうてい。装釘とも装丁とも書くが、ここでは、紹介する本の表記に従って装幀とする。詩と批評の雑誌『ユリイカ』（青土社）の12月臨時増刊号が「装幀者・菊地信義」の特集を組んでいる。菊地さんの拵《こしら》えで本を出したことがある小説家の堀江敏幸、詩人の伊藤比呂美、社会学者の上野千鶴子をはじめ編集者や装幀家ら30人近くが寄稿し、「装幀のカリスマ」「ブックデザインの革命家」「本という劇場の演出家」である菊地さんの卓越した仕事ぶりを紹介している。

文芸批評家の安藤礼二が「書物に宇宙を封じ込める」という文章を寄せている。膨大な菊地本から澁澤龍彦の『高丘親王航海記』（文藝春秋）、中上健次の『奇蹟』（朝日新聞社）、古井由吉の『仮往生伝試文』（河出書房新社）を取り上げ、別個の作家・作品のあいだに、普通に読んでいては決して見いだせない共通の場所が見えてくることについて、要するに読書の楽しみを何倍にも膨らましてくれる「菊地信義の装幀の力」について語っている。

菊地さんが約40年間に手がけた本は優に1万点を超える。名古屋関係で言えば馬場駿吉句集『耳海岸』(書肆山田)などのほか野口あや子の『かなしき玩具譚』(短歌研究社)までの3歌集が菊地本だ。本は手に取って読まれて初めて本になる。作品内容はもちろん著者の心も理解したうえで、手に取ってみたくなる姿を本に与えるのが、装幀という仕事だろう。

菊地さんを密着取材したドキュメンタリー映画「つつんで、ひらいて」が18日から名古屋シネマテークで始まる。

2020年1月10日
古田一晴

誰かに本を選ぶなら

人のために本を選ぶのは難しい。まして若い人が相手となるとなおさらだ。「卒業する学生のために本を3冊選んでください」と非常勤講師をしている大学から頼まれた。出版についての講義を受けもって10年以上になるが、今年は新設の創作系学部から初めての卒業生を送り出す。そのはなむけに本を選ぼうということのようだ。それならと考え始めたはいいが、これが意外に頭を悩ませた。

お仕着せの「名作」では面白くないし、自分の読書経験や趣味を押し付けるのは嫌味だし。むやみに新しい本を選ぶのも軽薄だし、誰も知らないものばかり蔵出しするのは、いかにもすぎようし。

そこで、選び方を変えてみた。まず一冊は文庫本から選ぶ。気軽に買える定価だし、一般性があり評価も定まった作品が多い。次に、いま売れている本の著者が書いた別筋の作品。作品ばかりでなく著者への興味を抱いてもらうことにつながる。そして3冊目は、おそらく発行部数がとても少ない本。現在の出版界の状況では、初版で品切れ絶版になる書籍があまたある。タイミングを逸すると二度と出会えない良書が多く存在することを知ってほしい。そして、いつか書物の森を渉猟する愉《たの》しみに迷い込んでもらいたい。

選んだ本は次の3冊。ジョン・クラカワーの異色ノンフィクション『**荒野へ**』集英社文庫。話題の作家ブレイディみかこの『**女たちのテロル**』岩波書店。そして7000円を超える高定価ながら、それよりはるかに高い価値をもつ『**アウシュヴィッツの巻物　証言資料**』みすず書房。読んでほしい理由は、読まなきゃわからない。

2020年2月7日
劉永昇

「つげ義春全集」の英断に拍手

『決定版つげ義春大全』（講談社）の刊行が4月に始まる。告知によると、1954年のデビュー作から87年に断筆するまでの全作品をほぼ発表順に編集し、漫画と並行して手がけた旅の随筆や写真なども収録してざっと7000ページ全22巻。完結予定は来年2月。触れ込み通り「決定版大全集」となりそうだ。

60年代後半、月刊漫画雑誌『ガロ』に、「李さん一家」「海辺の叙景」「紅い花」「西部田村事件」「ねじ式」「もっきり屋の少女」などを次々に発表した。大都市を少し離ればどこにでも見られた、まるで死んだように静かな町や寂れた湯治場を舞台に、浮遊感たっぷりの妙にリアルな夢の世界を描き、独自の境地を切りひらいた。

断筆後も文庫や上製本で作品集や温泉探訪記が何冊も編まれた。ドラマや映画も作られた。名古屋絡みでは天野天街の『**つげ義春「必殺するめ固め」映画用絵コンテ**』（北冬書房）がある。数年前には日本漫画家協会賞大賞を受けた。要するに、つげ義春が「忘れられた作家」になることなど一度もなかった。

漫画は電子版でという流れが強まるいま、あえて紙とインクで大全集を組み、希代の作家に光量最大限のスポットライトをあてようとする出版社と編集者の大英断に拍手を送りたい。おりしも今月始め、欧州最大規模だというフランスのアングレーム国際漫画祭から特別栄誉賞が贈られた。刊行の追い風になることを願う。

付記をひとつ。昨年11月にここで紹介した礒崎純一の『龍彦親王航海記　澁澤龍彦伝』（白水社）が読売文学賞の評論・伝記賞をとった。労作が正しい評価を受けたのである。

2020年2月21日
古田一晴

出版界のアイヒマン

「ヘイト本」はいかにして作られ、書店で売られるのか。書店の魅力を取材し続けてきたライター永江朗さんは、**『私は本屋が好きでした』**（太郎次郎社エディタス）でその舞台裏を取材し、こう慨嘆する。「出版界はアイヒマンだらけ」と。

ユダヤ人の大量虐殺という巨大な罪を犯したナチス将校アイヒマンが、実はどこにでもいる小心な人間だったのと同じように、排外主義をあおるヘイト本が売られる過程に存在する人間のほとんどは、ただ「仕事だから」「しかたなく」関与する普通の会社員である。その自覚なきふるまいが「アイヒマンだらけ」という憤慨に結びつく。

2月24日、この本の関連イベントが東京・銀座の書店で開かれた。作家の深沢潮さんと永江さんの対談で、その様子を「朝日新聞デジタル」の記事で読んだ。韓国にルーツをもつ深沢さんは、昨年9月『週刊ポスト』が「韓国なんていらない」特集を掲載した時、同誌での連載を降板した。「黙っていることは読者への裏切り」と思ったからという。いま書店でヘイト本が当たり前のように売られているのは「『危ない凶器』を売っているようなもの」、「弱い立場の人が、無意識の差別を受け、娯楽的に消費される状況はなくなってほしい」と語る。

いまアジア人差別が欧米各国で広がっている。日本でも中国人入店禁止の店舗が現れ、政府もまた中韓からの入国制限を決定した。新型コロナウイルスへの恐怖による一種のパニック状態だ。こうした保護主義が行き過ぎると、新たなヘイトの温床となろう。それを商機とするのか警鐘を鳴らすのか。

２０２０年３月20日
劉永昇

大人を魅了するアリスの世界

新型コロナウイルスの影響で休館する美術館が相次いでいるなか、3月上旬、静岡市美術館の「不思議の国のアリス展」を見に行った。昨春に始まった全国巡回展。4月18日から名古屋市博物館に会場が移るのだが、万が一の事態に備え、ちょっと足を伸ばしてきた。日曜午後にもかかわらず観客は少なめ。そのおかげで、アリスの絵ならまずこの人といえるジョン・テニエルの挿絵が入った『不思議の国』や『鏡の国』の初版本、挿絵の原画、その影響を受けて派生した多彩な現代のアリスとキャラクターたちの姿をゆっくり楽しめた。

さて。高山宏さんが翻訳した『**詳注アリス　完全決定版**』が亜紀書房から刊行された。作品本文に、当時の英国文学や文壇事情にまで踏み込んだ詳細な注釈がついて、ざっと

600ページ。帯には「伝説のアリスうんちく大全」。宣伝文句を裏切らない内容がある。原著者は米国のマーティン・ガードナー。1960年の初版以来何度か増補され、改訂版が出るたびに高山さんが翻訳してきた。ガードナーの本を含めると「不思議の国」は4回、「鏡の国」は5回。何度も訳していると、以前の訳を流用しているのではと勘ぐる人もいるだろうが、そんなことはない。毎回ゼロからの翻訳。前に苦しんだ部分を簡単に乗り越えられたときの愉快な気分が楽しい、とあとがきに記している。

すでに多くのアリス本があるところに、巡回展に合わせるように新刊が出ている。子どもにというよりも美術・舞台・映画などの創作家に刺激を与え続けているアリスの世界。その魅力は衰えることがなさそうだ。

2020年4月3日
古田一晴

これも一つの「ニュースピーク」

不自由な自粛生活を余儀なくされる毎日だけに、いつもより政治家の会見に注目が集まっている。スピーチの内容をめぐって賛否両論、さまざまに議論が起きるのは良いことだ。一方で、その語り口や話法にも注意を払う必要がある。

ジョージ・オーウェルに「政治と英語」というエッセーがある。代表作『動物農場』刊行直後の1946年に発表されたものだ。文章を書くための「六つのルール」が有名で文章作法として読まれる場合もあるが、作者の意図は、政治が言葉を退廃させていることへ強く危惧を表すことにあった。オーウェルによれば、政治的な言語は「嘘が真実に、殺人が称賛すべき行為になり、まったくのたわごとが実体のあるものに見えるよう設計されている」からである。

ディストピア小説『一九八四年』（ハヤカワepi文庫）には、この洞察から着想を得た新話法「ニュースピーク」が登場する。世界で唯一毎年語彙が減っていくこの言語は、文章から多重な意味を奪ってしまう。複雑な含意を失った言葉は国民の思考を単純化し、為政者の支配を容易にする。「ニュースピーク」は、そのために考案された政治的話法なのである。

最近、首相の会見や都知事のスピーチで「スピード感を持って対応したい」「大切なのはスピード感」といった言い回しがよく使われるが、これも一種の「ニュースピーク」かもしれない。「感」の持ち主が省略されているのだから、責任の主体は曖昧だ。結局、空約束のための話法なのかと疑われてしまう。

政治の退廃から言葉を救出するには、「意味のために言葉を選ぶことが最も重要」だとオーウェルは書いている。

２０２０年５月15日
劉永昇

文芸出版の水先案内人

長谷川郁夫さんが5月1日、食道がんで亡くなった。72歳だった。早稲田大学文学部に在学していた1972年に小澤書店を創業し、2000年に倒産するまで、優に600点を超す文芸書を出版した。長谷川さんが手がけるのは良質な硬派のものばかりで、効率を優先する書店には敬遠されがちなものが多かったが、小店では出れば必ず取り寄せるようにしていた。

記憶に残る本は多い。吉田健一の『ポエティカ』、『定本落日抄』、『詩と近代』、『時をたたせる為に』などは私が書店で働き始めたころに出ていた。そのほかに思いつく本をあげれば『晩国仙果　森亮訳詩集』、『小川国夫全集』、『定本吉田一穂全集』などがある。これらはどれも90年代の初めごろ、文学書の人気が落ち目にあった書店の棚に並び、出版人の心意気を感じさせられた。

長谷川さんは編集者であるのみならず優れた評伝作家でもあった。会社倒産後、伝説の出版人を追跡した『**美酒と革嚢《かくのう》　第一書房・長谷川巳之吉**』（河出書房新社）で芸術選奨文部科学大臣賞、「これを書かなければ死ねないと思っていた」という『**吉田健一**』（新潮社）で大佛次郎賞を受けた。

評伝第一作の『**われ発見せり**』（書肆山田）で長谷川さんは、『ユリイカ』を創刊した伊達得夫を「現代詩の水先案内人」と評したが、そう言う長谷川さん自身が、文芸出版の水先案内人だった。

昨年末の青木健さん、それに続くようにして長谷川さんの訃報だった。ともに編集者として親交のあった書肆山田の鈴木一民さんから「さびしくなるよ」と電話があった。

２０２０年５月29日
古田一晴

8分46秒の祈り

8分46秒。これは一人の黒人男性が死にいたるまでの時間である。5月25日、ミネソタ州ミネアポリスで起きたジョージ・フロイド殺害事件。白人警官が手錠で拘束したフロイドさんを地面に横たえ、膝で頸椎を圧迫し窒息死させた。一部始終を撮影した動画がSNSを通じて拡散し、アメリカ各地で大規模な抗議デモが起きた。そして「ブラック・ライブズ・マター」(BLM)をスローガンとする人種差別抗議運動が、現在も世界各国で広がりを見せている。

イギリスの権威ある医学雑誌『ランセット』も、6月13日号の巻頭エッセーでBLM運動への連帯を表明した。「医学雑誌に何ができるか」と問い、「人種差別は公衆衛生上の世界的緊急事態である」と位置づけたのだ。エッセーのタイトルは「ブラック・ライブズ・

マスト・マター・モア」（ＢＬＭＭＭ）。海外では政治的に保守的な医学雑誌でさえ、これほど強く抗議の姿勢を示している。

このＢＬＭをどう翻訳すべきか、日本のメディアは苦心している様子だ。例えば、朝日新聞とＮＨＫは「黒人の命も大切」、毎日、読売、日経の各紙は「黒人の命は大切」としている。「も」と「は」の違いは大きいとも言えるが、どちらも印象的な訳とはいいがたい。人種差別の切迫性を強く受け止めていないように見えるのは、やはり対岸の火事という意識なのだろうか。

8分46秒――。フロイドさん追悼集会ではこの長さの黙禱が行われる。「息ができない」と訴え続けたそれが、どれほど長い時間であることか、祈りを捧げてみてほしい。人種差別の苦しみのせめて一抹を共有しうるかもしれない。

２０２０年6月26日
劉永昇

水谷勇夫、舞踏の美術

ＮＰＯ法人「ダンスアーカイヴ構想」（東京）が、舞踏の魅力を紹介する番組「Ｒｅ－Ｂｕｔｏｏｏｈ（リ・ブトー）」の無料配信を始めた。ウェブの雑誌という触れ込みで創刊号は30分。「舞踏＝ＢＵＴＯＨ」を世界に浸透させ２０１０年に１０３歳で亡くなった大野一雄や、パントマイムのヨネヤマママコの動画などが楽しめる。

さて、その流れで紹介するのは、愛知県美術館が再開にこぎつけた「水谷勇夫と舞踏」という小さな企画展のことだ。１９９０年2月、すでに世界的な舞踏家になっていた大野一雄が、名古屋・大須の「七ツ寺共同スタジオ」で、盟友だった土方巽を追悼する「蟲《むし》びらき」を演じた。その舞台美術を、さいわいにも解体保存されていた先から美術館に運び込み、当時のままに再現したのである。作者は水谷勇夫（１９２２－２００５）。大野とも土方とも親交のあった名古屋の現代美術家だ。

水谷は中国大陸に通信兵として従軍し、戦後、独学で絵を学んだ。戦地体験を踏まえ、社会の不条理や底辺に生きる人間へのまなざしを感じさせる作品を発表した。日本画と洋画を区別することに異議をとなえ、「前衛でも後衛でもなく、本衛の芸術」を自称し、ジャンルを超えた独自の表現を追究した。

水谷の仕事を見渡す本がまだ出ていないのは不思議なことだが、創作に幅と奥行きをもたらした水谷の縄文文化論考集『神殺し・縄文』を復刻した名古屋の人間社が、企画展の解説書にあたる『**水谷勇夫と舞踏　「蟲びらき」をひらく**』を8月に刊行する。戦後日本の美術史に見逃せない足跡を残した作家を確認する待望の一冊といえる。

2020年7月10日
古田一晴

創刊90年の地域紙『南海タイムス』の休刊

朝、会社に向から途中の商店街を通り抜けると、「休業」の貼り紙があちこちで「テナント募集」に変わっている。パンデミックの影響は長く深い。8月21日現在、新型コロナウイルス関連倒産は全国で450件を超え、最も多い業種はやはり飲食業であるという。デスクでノートパソコンを開くと、講師を務める大学からメールが来ていた。「後期も引き続き遠隔授業を実施」という。新型コロナウイルスは教育環境も一変させた。春、全国の大学で一斉にオンライン授業が始まった。手探りのまま何とか前期の講義が終わったが、入学以来いまだ一度も登校していない1年生も珍しくない。まさに異常事態だが、これが今年だけの出来事かどうかはわからない。

そんなさなか、知人が『南海タイムス』の休刊を知らせてきた。同紙は1931年の創刊以来、長く島民に親しまれてきた八丈島唯一のローカル紙である。２０１２年には一般廃棄物最終処分場の建設をめぐってキャンペーン取材を展開、水質汚染に反対する住民運動につなげた。ローカルな民意に根ざす地域メディアのお手本と言うべき存在だった。しかし都の緊急事態宣言発出で、東京の離島・八丈島もまた来島自粛を呼びかけた。主要産業の観光業は休眠状態となり、同紙の広告収入は減り続けた。そして6月26日付第３７５２号を最終号に、『南海タイムス』はついにその約90年の歴史を閉じることになった。

現場から地域の民意を発信し続けた同紙の価値は、感染症による社会分断の時代にこそ、さらに高まったことだろう。廃刊でなくあえて「休刊」というのだから、再起の時が待たれる。

２０２０年9月4日
劉永昇

陶芸家・鯉江良二の物語

広島・長崎・チェルノブイリにまつわるメッセージ性の強い陶芸作品を発表してきた鯉江良二さんが8月に亡くなった。82歳だった。最後にお目にかかったのは4年前の秋。「岡部昌生+鯉江良二 ヒロシマの礫《つぶて》」という作品展示とトークのイベントだった。あいちトリエンナーレの関連企画として、市民有志が書店の2階で開いた。

フロッタージュの岡部さんと陶芸の鯉江さん。日本の現代美術を代表する同世代のふたりの交遊は80年代前半に始まり、90年代に「礫」を共作した。広島の爆心地などで採取した土に岡部さんは北海道、鯉江さんは愛知、それぞれ地元の土を混ぜ、「反核」の意思を込めて焼き固めた。その数は優に600個を超えたという。

会場には、さまざまな大きさの、ごつごつした「礫」が65個のほか、焼成する前の広島の土を標本瓶に詰めた「土の記憶」という作品も並んだ。会期中の夜にあったトークは１００人以上が集まる大盛況だった。のどを手術して声が出なくなっていた鯉江さんは、小さな器を自宅で焼きつづけている近況などを筆談で報告した。

『**鯉江良二物語**』が生活の友社から刊行される。著者は京都で陶磁器専門ギャラリーを営む梅田美津子さん。破天荒だった鯉江さんの陶芸生活をつづったエッセー集だという。伝統とか前衛とかの枠にとらわれず常に新しいものを目指す意欲的な作家だった鯉江さんは、ギャラリーとしても重要な作家だったにちがいない。

名古屋発の美術批評誌『ＲＥＡＲ《リア》』も特集を組むと聞いている。いずれ誰かがしっかりした評伝を書くのを期待したい。

２０２０年９月18日
古田一晴

一日不読書口中生荊棘

もうすぐ「読書週間」が始まる。コロナ禍の今年は数えて74回目となるという。しかし、その前史をひもとくと、発祥はさらに古く大正期、100年近く前の関東大震災にまでさかのぼる。

大正時代は出版界にとって重要な転換期だった。公共図書館の増設や私立大学の急増で大量の読者が生まれた。本の定価販売もこの時期に定着する。また岩波書店、文藝春秋、講談社などの有力出版社の多くが創業するなど、現在の出版界の原型がこの時期に出来上がりつつあった。そこに襲いかかったのが関東大震災だった。活字は火災で溶けてしまい、在庫の本は全て灰となった。本を売ることも造ることもできなくなり、東京の出版社は壊滅状態となった。出版業界の被害総額は現在に換算して約400億円にのぼったという。

翌1924年に震災からの復興を願って計画されたのが「図書週間」だった。昭和になると「図書館週間」と改称され、日中戦争下には「一般週間運動廃止令」が出され「読書普及運動」と名を変えた。同時に行われていた「図書祭」は皇軍の武運長久を祈る神事へと変貌、盛大に催されたというから珍妙な話だ。

出版統制の進む中、1939年には両行事ともに中止となるが、敗戦の翌々年、現在に続く「読書週間」として復活する。今度は戦災からの復興を願うものとして。（参考：布川角左衛門「読書週間十年の回想」）

「一日読書をしなければ、口の中に棘《とげ》が生える」とは伊藤博文を殺害し旅順の獄中にあった安重根《アンジュングン》の言葉だ。閉塞した状況の中でこそ、人は自由な精神の糧として「本」を求めるものなのか。アンダー・コロナはまだ続く。読むべき本は、あまたある。

2020年10月16日
劉永昇

音楽分野の大著が続々

ジャズ喫茶「ベイシー」のドキュメンタリー映画のヒットを喜んでいたら、『文学界』（文藝春秋）の最新号がジャズ特集を組んできた。書籍の世界でも『**スティーヴ・レイシーとの対話**』（月曜社）が刊行されるなど、ジャズファンにはたまらない景色である。

レイシーは初来日した1975年に名古屋で富樫雅彦と共演した。公演にはジャズ界の守護者だった内田修さんもかかわっていたはずだ。天才ドラマー富樫は、救いようのない放浪生活を名古屋でおくっていたことがあり、別人のように成長した姿を、恩師といえる内田さんに披露したのである。すでに3人とも鬼籍に入っている。

ジャズ以外にも音楽分野の大著が相次いでいる。『**伝記　オリヴィエ・メシアン**』（音楽之友社）と『**オリヴィエ・メシアンの教室**』（アルテスパブリッシング）は、20世紀のヨーロッパ現代音楽をリードした作曲家の全容に迫る。ほかにも亜紀書房から『**エルヴィス・コステロ自伝**』、河出書房新社からはパティ・スミスの随筆続編『**Mトレイン**』に続いてロック界の奇才フランク・ザッパの案内書も出る。目白押しである。

『**近代日本の音楽百年**』（岩波書店）も注目の書だろう。著者は国際日本文化研究センター名誉教授の細川周平さん。「黒船から終戦まで」に日本の音楽がどのように変化してきたかを全4巻でたどる。1巻目は軍楽隊が登場し、市中の音楽隊やジンタに広がり、唱歌や寮歌にいたる展開を詳述している。

コロナ禍はすぐには終息しそうにないが、音楽ファンや読書好きにとっては楽しい家ごもりが出来そうな秋である。

2020年10月30日
古田一晴

「文章読本」を読む

月1回の「文章講座」を引き受けて、かれこれ2年以上になる。よんどころない事情から始めたものではあったが、一介の編集者が「文章」と名のつく講座を引き受けることには、少なからず忸怩《じくじ》たる思いがあった。開講当初、考えあぐねたすえに、それまであまり読んだことのない「文章読本」を読みあさった。著名な文章家がどのように作文の秘訣を教授しているのか、参考にしたかったからだ。

古今東西、「文章読本」の類は数え切れないほど出版されている。谷崎潤一郎、川端康成、三島由紀夫、井上ひさし、丸谷才一ら大作家によるものからエッセイスト、評論家、ジャーナリスト、翻訳家まで、〈文章のプロ〉による読本が現在進行形でどんどん作られ、売られている。世の人は、それほどまでに文章力を身につけたいと願っているのである。

売れっ子の物書きに「文章読本」を依頼したがる版元の気持ちがよくわかる。

読み終えた数十冊の「文章読本」の中で特に面白いと思ったのは、芥川賞作家・村田喜代子の『**名文を書かない文章講座**』(葦書房)。カルチャーセンターの講座が本の元だから、要点を簡潔にまとめた構成が役に立ちそうだ。また例文にひとくせある作品からの引用が多く、読んでいて飽きない。本としての完成度が高い「文章読本」だと思う。吉行淳之介編の『**文章読本**』(河出文庫)は、収録した20人の作家の文章からは筆にこめたそれぞれの思いが一望できて類がなく、お得感もある。

さて、あれだけ読んだのだから「文章読本」ガイドでも企画できないかと書店で物色していたら、もうすでにあった。不埒な文章講師もあったものだ。

2020年11月27日
劉永昇

盆踊りは消えない

「人はなぜ踊るのか　コロナ禍の盆踊り」と題したトークイベントがこのほど名古屋・新栄のカフェで開かれた。

話し手は3人。盆踊り愛好家で研究者でもある田中瑞穂さん。豊田市の「橋の下世界音楽祭」で盆踊りの振り付けを担当しているダンサーの安藤鮎子さん。世界各地の音楽文化を追いかけているライターの大石始さん。いずれも盆踊りをこよなく愛する若者だ。

「3密」を回避する苦肉のオンライン盆踊りが、岐阜県郡上市などで開催されたのは知っていたが、総じて盆踊りは全滅した夏だったと思っていた。しかし、そうではなかった。町内会などの主催としてではなく、気心の知れた仲間が集まる個人主催の盆踊りが、ライブハウスやアートイベント会場、お寺の境内や公園など、あちこちで行われていたのだ。

ある田舎のまちなかで知人と踊っていたら、いつのまにか地元の人たちが集まってきて踊りの輪が生まれた。そんな安藤さんの体験談は、盆踊りの原風景のようなものを考えさせられて興味深かった。名古屋中心街のオアシス21や常滑市の大善院などで催行された盆踊りについては、田中さんが自費刊行している盆踊りのシリーズ冊子『**愛と勇気で踊りましょ**』の第3集に詳しく紹介されている。

盆踊りの魅力を語る若者たちに新鮮なものを感じた。心身をリセットする効能が盆踊りにはあるという発言もあった。踊りには時代の身体性が現れていると話した大石さんの『**盆踊りの戦後史**』（筑摩選書）がまもなく刊行される。「ふるさとの喪失と創造」というサブタイトルがついている

２０２０年12月11日
古田一晴

出版と「オンライン」

国内初の感染者が確認されてから1年、新型コロナウイルスは私たちの生活を大きく変化させた。手洗い、マスク、消毒などは、もともと清潔好みの日本社会には浸透しやすかったのかもしれない。反対に今も賛否両論分かれるのは「対面か、オンラインか」の議論だろう。

私は大学で編集ゼミを担当しており、毎年学生が作る雑誌の指導をしている。今年は「オンライン」をテーマに、授業・サークルなどの大学生活や就活などがオンライン化でどう変化したかを学生たちが取材している。オンラインへの温度差があって興味深いが、詳しい内容は雑誌の完成までお待ちいただくとして、では出版とオンラインについてはどうなのだろうか。

昨年11月に刊行された『**医療現場は地獄の戦場だった！**』（大内啓、ビジネス社）は、ボストンに在住する日本人救急救命医の新型コロナ感染症との闘いを記録したノンフィクションである。日本に警鐘を鳴らす壮絶な報告だが、もう一つ注目すべきは本書の取材がZoomアプリを通じて行われたこと。聞き手の井上理津子は甥の大内医師を日本から取材しているのだ。パンデミックのアメリカに入国することはできない。その制限をリモート取材で乗り越えているのである。

また、先日韓国の反核団体が主催するオンライン会議に参加する機会があった。両国からの参加者はアプリを通じてアクセスし、音声通訳機能を利用して自由に意見を交わしあった。距離と時間の制約を離れ、オンラインがウイルスフリーの出会いをもたらした。出版にとって「オンライン」は新たな方法のきっかけとなるかもしれない。

2021年1月22日
劉永昇

珠玉の詩集、世に出し50年

詩集の出版で知られる書肆山田（東京）が創業50周年を迎えた。正確には51周年というべきだろうか。1970年に岡田隆彦『海の翼』を刊行して山田耕一さんが立ち上げ、代表を継いだ鈴木一民さんが最初に出したのは1980年の吉岡実『ポール・クレーの食卓』だった。

優れた詩集を少部数。時にぜいたく、時に素朴な、美しい装丁の本を途切れることなく発行してきた。書肆山田のおかげで私たちは国内外の多くの詩人と巡り合えてきたといえる。

この欄に即して名古屋絡みの話をするなら、このほど3巻目がまとまった『高柳誠詩集成』があり、馬場駿吉さんの美術評論集『液晶の虹彩』と句集『耳海岸』があり、岡井隆

（２０２０年死去）の歌集と歌論集がある。鈴木さんと編集者仲間として懇意だった文芸評論家の青木健（２０１９年死去）の詩集『振動尺』も書肆山田の本だった。

鈴木さんと出会ったのは１９７９年だったと思う。小店で開いた展示会「加納光於・馬場駿吉　ブックワークとその周辺」に東京から来て会場設営を手伝ってくれた。出版そのものにとどまらず本の周辺でも活動してきた鈴木さんは、アレン・ギンズバーグやジョナス・メカスが来日した際にも受け入れスタッフとして奔走した。

書肆山田の本は、文学書を軸にしている小店の棚の要であり続けている。記念冊子の作成に向けて記憶に残る本を尋ねるメールが来たので次の３冊を挙げた。加納光於と瀧口修造の詩画集『**《稲妻捕り》Ｅｌｅｍｅｎｔｓ**』、ジョナス・メカス詩集『**セメニシュケイの牧歌**』、ガートルード・スタイン詩集『**やさしい釦《ボタン》**』。

２０２１年２月５日
古田一晴

男が女に語らせない理由

東京五輪組織委員会・森喜朗会長の「女性」をめぐる失言（本音）は、上層部に行くほどジェンダー・ギャップが深まる日本の現実を見事にあぶりだした感がある。女性の行動や発言に〝節度〟を求める男の心理はどのようなものかと考えた時、この本のことを思いだした。

『**戦争は女の顔をしていない**』は2015年にノーベル文学賞を受賞したベラルーシの作家スヴェトラーナ・アレクシエーヴィチの第一作だ。独ソ戦に従軍した女性たち500人以上にインタビューし、戦争の「もう一つの顔」を記録した不朽のノンフィクションである。

ところが出版は困難を極めたという。出版社には断られ、雑誌社には無視され続けた。

「ここに書かれているのはあの戦争ではない」「生々しく悲惨すぎる」「党の指導力が描かれていない」——それが拒絶の理由だった。

完成から丸2年の間、原稿は机に載ったままだった。ようやく刊行できたのは1985年。ソ連でペレストロイカが始まると数年で200万部を売り上げた。当時、人々は真実を求め、知りたがった。だが、「女が語る戦争は、男のそれよりずっと恐ろし」かった。「女たちは男には見えないものを見いだす力がある」と著者は書く。だから男は女に語らせたくない。「男社会」が最も恐れ憎むのは、女性がより良い社会を実現してしまうことなのかもしれない。読み終えると、そんな風に思えてくる。

本書の日本語版（三浦みどり訳）は岩波現代文庫刊。第2巻が出たばかりのコミック版（小梅けいと・KADOKAWA）も傑作である。

2021年3月12日
劉永昇

書店人を追悼する二冊

『本屋と図書館の間にあるもの』（郵研社）が刊行された。昨年2月に65歳で亡くなった伊藤清彦さんの一周忌にあわせた追悼集だ。伊藤さんは東京と盛岡市で書店勤めをしたのち、故郷の岩手県一関市で市立図書館の副館長を務めた。

学生時代すでに蔵書1万冊。愛書家だった伊藤さんは、都内の本屋で10年ほど勤めた30代後半にはカリスマ書店人として知られた。帰郷後も本屋に就職し、赤字だった店を数年で黒字に立て直した。そのときの苦労話は『盛岡さわや書店奮戦記』（論創社）に詳しい。

追悼集は、図書館運営の本を何冊も書いている内野安彦さんとの対談と、「岩手日報」に10年間連載した随筆で構成してある。出版不況はこれからも続くと見据えたうえで、図書館や書店が本と読者をつなぐ役割をどう果たしていくかについて熱く語りあっている。

ベストセラーに頼らず、読んでほしい本で勝負してきた伊藤さん。その心意気が随筆にあふれている。

書店業界の知人と一関に伊藤さんを訪ねたのは震災前年の2010年秋だった。ジャズ喫茶「ベイシー」まで迎えに来てもらって自宅に案内され、その晩は酒をのみながら本をめぐる話で盛りあがったのを思い出す。

『いつだって本と一緒』（皓星社）も書店人を追悼する遺稿集だ。伊藤さんの弟子筋にあたる岩橋淳さん（2019年58歳で死去）が、盛岡市内の本屋で働きながら「岩手日報」に連載した読書案内約270編をまとめてある。「本との幸福な巡り合いは、いつの日か漕ぎ出す海原で、すぐれた羅針盤となるだろう」と若い世代に呼びかける巻頭言がまぶしい。

2021年3月26日
古田一晴

周作人のまなざし

「二周」という言葉がある。魯迅とその弟・周作人のことである。魯迅は本名を周樹人といった。兄弟はともに日本に留学し、その体験は二人の生涯に大きな影響を与えた。兄・魯迅は医者を志して仙台医専に進んだが、失望して東京に戻り本郷に住んだ。そこに周作人が来日し、二人は1906年から3年間共同生活を送る。もっぱら書店めぐりの毎日で、それがのちの文芸活動の備えになったという。

帰国後、魯迅とともに新文化運動の中心的担い手となる一方で、周作人は古典日本文学の翻訳に取り組んだ。『古事記』『枕草子』から狂言、川柳まで幅広く紹介し、最良の日本理解者と呼ばれたことは、東京を「第二の故郷」とした周作人にとっても本意であったに違いない。

しかし、同時に周作人は日本への痛烈な批判者でもあった。「『日支共存共栄』を叫びたてているが、実際は侵略の代名詞であって、豚が食われて他人の体内に存することを、共存共栄という」（木山英雄訳『**日本文化を語る**』筑摩書房）と糾弾する周作人は、日本の芸術・文化と政治・軍事を区別し、批判すべきを冷静に批判する態度を貫いた。国交回復以来最悪の状態にある現在の日中関係を考えるうえで、この周作人の姿勢は重要な鍵となるのではないか。

戦後、周作人は対日協力者＝「漢奸《かんかん》」として逮捕・投獄される。保釈後も彼は日本文化の研究を続け、文化大革命の嵐のなか82歳の生涯を閉じた。いまだ本国での周作人の評価は低いままだが、群を抜く読書家である彼にとってはどうでも良いことかもしれない。読書とは、あらゆる国家に所属しない自由な精神の活動領域なのだから。

２０２１年４月23日
劉永昇

歌で時代に色を塗り…

『**音楽プロデューサーとは何か**』（毎日新聞出版）が刊行された。筆者は今年83歳の寺本幸司さん。小規模レコード会社の草分け的存在だ。「主流」に追従しない多彩な表現活動が花開いた1970年代以降、音楽シーンを盛り上げてきた自身の仕事を、数々の秘話を交えて振りかえっている。

副題は「浅川マキ、桑名正博、りりィ、南正人に弔鐘は鳴る」。2010年1月に浅川が公演先の名古屋で急逝し、その後に桑名、りりィが亡くなり、本書執筆中の今年1月には南が横浜でライブ中に倒れ、死去した。寺本さんには彼らといっしょに歌で時代に色を塗ってきた強い同志意識があり、文章からそれが伝わってくる。

実生活もロックンロールだった桑名の波乱の人生。野坂昭如と作った特製レコード。黒ずくめのムーミンを連想させたイルカとの出会いの思い出などがつづられていく。「わたしを見つけてくれて、ありがとう」と一行メールを送ってきたりりィを病床に見舞い、枕元で伝えた最後の言葉とりりィの反応を紹介するくだりは珠玉といえる。

最初の仕事だった浅川マキへの言及が多い。寺山修司と連携して新宿の地下劇場でデビューさせた。「夜が明けたら」にはバリケードに立てこもる学生たちからラジオ局にリクエストが相次いだ。「時代に合わせて呼吸をする積りはない」などシングル11枚22曲をまとめたCDが没後10年に出版された。浅川人気は衰えていない。

寺本さんは、いまも輝きを失わない貴石をいくつも探し当てた。29日に名古屋市千種区のライブハウス「TOKUZO」で出版記念イベントがある。

２０２１年５月14日
古田一晴

図書館の自由宣言

5月27日付の朝日新聞デジタルに気になる記事があった。「図書館の貸し出し履歴、捜査機関に提供　16年間で急増」というものだ。近年、警察などの照会に応じて図書館が利用者情報を提供する事例が増え、2011年に日本図書館協会の行った全国調査では、照会を受けた図書館192館の約6割にあたる113館が提供に応じたという。1995年の調査では応じた館が約1割だったことを考えると、まさに激増している。

日本の図書館は1954年に「図書館の自由に関する宣言」を採択している。そこには「図書館は資料収集の自由を有する」「資料提供の自由を有する」「利用者の秘密を守る」「すべての検閲に反対する」という四つの条項が掲げられている。これらは戦後の図書館の存在意義を成す最も重要な条文と言えるだろう。

清水正三編『**戦争と図書館**』（白石書店）を読むと、戦時下では軍部、占領下にはGHQの思想統制に一致協力した図書館の姿勢がよくわかる。来館した憲兵・警察官に「閲覧票」を見せ、利用者の読書傾向を調査させることに、当時のほとんどの図書館は無抵抗かつ無関心だったという。「宣言」は、こうした過去への反省から生まれたもののはずであった。

書物の所有を禁じられた近未来を描くレイ・ブラッドベリ『**華氏451度**』（宇野利泰訳、ハヤカワ文庫）の主人公モンタークは焚書官《ファイアマン》だ。本を見つけると家ごと焼き払うという彼の仕事について、隣家の少女クラリスがこう告げる。「ほんとうかしら？　ずっとむかし、火事を扱うお役人の仕事は、火をつけるのじゃなくて、消すことだったんですってね」

2021年6月11日
劉永昇

長谷川郁夫さんの思い出

日本編集者学会の機関誌『エディターシップ』の最新第6号が、昨年5月に72歳で亡くなった長谷川郁夫さんの追悼特集を組んでいる。出版の根幹といえる編集者の仕事に光をあてようと、長谷川さんが創設を呼びかけ、初代会長をつとめた。

早大在学中に開業した小沢書店という出版社の経営者かつ編集者として30年。2000年に倒産してからは評伝作家として20年。ざっと50年間に長谷川さんが残した本の素晴らしさについては、1年前のこの欄で紹介した。今回は特集記事を読んで思い出した話を書きたい。

追悼文を寄せている何人もが長谷川さんのカラオケ好きを懐かしそうに回想している。私にも思いあたりがある。小川国夫さんの全集が完結し、馬場駿吉さんの芸術時評集『サイクロラマの木霊』が出るころだったから、20年ちょっと前のことになるだろうか。

その日は、カルチャースクールの講師で名古屋にいた小川さんを長谷川さんが訪ねてきて、そこに馬場さんと私が合流したのだった。静かに話せる場所で晩めしでもということになり、日曜で閉まっていたなじみの小料理屋を開けてもらった。4人の貸し切り。まず酒。すぐにカラオケ。静かに語るどころか文学も出版もそっちのけで放歌高吟。酒とカラオケざんまいの夜が更けていったのであった。

特集号の裏表紙に、このほど刊行が始まった『**高橋英夫著作集　テオリア**』（全8巻、河出書房新社）の案内が載っている。長谷川さんの編集者魂《エディターシップ》が、没後1年、文芸評論・随筆・ドイツ文学研究の泰斗による黙想の記録となって、姿をあらわしたのである。

2021年6月25日
古田一晴

「ペスト」三読

我が家にはカミュの『**ペスト**』が3冊ある。すべて文庫で、最初に買ったのは高校生の時、宮崎嶺雄訳・新潮文庫の旧版だった。銀色のカバーにクロムイエローの欧文で作家名が大きくあしらわれ、書名よりカミュの名前の方が目立っていた。

次に買ったのは新潮文庫の新装版。カバーには作品の舞台であるアルジェリアとおぼしき写真が2枚使われるようになった。奥付を調べると「平成十六年一月二十日改版」とある。2004年当時、東アジアを中心にSARS《サーズ》が流行していたこともあり、読み直したのだ。

そしてこの新型コロナウイルスのパンデミック下で『ペスト』は再び世界的ベストセラーになった。さすがにもう一度読み直すつもりはなかったが、今年4月、岩波書店からカミュ研究者である三野博司氏の新訳が出た。詳細な訳注と解説が魅力で、結局買い求めてしまった。オランの街の写真と訳者作成の地図が入っているのはうれしい編集だ。ペストでロックダウンされる街オランは、カミュの生まれ故郷の〈植民地〉アルジェリアに実在する都市である。『ペスト』が寓話として普遍性をもつのは、そうした舞台設定のためでもあるのだ。

『ペスト』には衝撃的な描写も少ないし、結末にカタルシスがあるわけでもない。なのに世界が災禍に襲われるたび注目されるのは、極限状況における人間性の類型をそこに見るからだ。災禍の本質とは人々の心理や行動そのものであることを、この小説は暴いているのである。いま政治の無為無策に直面する私たちも、それを感じていよう。そして悪いことに、現実は時に小説を凌駕するのだ。

２０２１年８月６日
劉永昇

ケルアックとビート世代

現代アメリカ文学の必読書の一冊に１９５７年に刊行されたジャック・ケルアックの『**オン・ザ・ロード**』がある。第二次世界大戦終結後の米国を縦横無尽に旅した体験にもとづく自伝的小説だ。自由奔放な若者たちの描写が同世代の心をつかみ、既存の価値観にあらがう思潮の聖典となった。60年代のヒッピームーブメント、ベトナム反戦運動、あるいは日本の新宿アングラ文化とその延長上で開花したさまざまな先鋭的表現活動。それらの源流をたどればケルアックに行き着く。

神戸市のＢＢプラザ美術館で「ジャック・ケルアック『オン・ザ・ロード』とビート・ジェネレーション　書物からみるカウンターカルチャーの系譜」展（8月8日終了）を見てきた。ケルアックをはじめ、ビート文学を創始した盟友といえる詩人アレン・ギンズバーグや小説家ウィリアム・バロウズらの初版本、ペーパーバック、邦訳初版本、米国や日本で出ていたビート系ミニコミ紙誌などざっと４００点。当時の空気が真空パックされた「現物」を目の当たりにする楽しさを堪能した。

92年秋。地元のミニシアター「名古屋シネマテーク」がバロウズ原作「裸のランチ」を上映したのに併せて、「ケルアックとバロウズを原書で読む」というブックフェアを小店で企画したところ、ペーパーバックが飛ぶように売れた。今は昔の感があるが、ビートの思潮は現在もポエトリーリーディングや音楽、映画などに影響を与え続けている。同館で4日に始まる特集企画「漂流のアメリカ」のケリー・ライカート監督も、時代を超えてケルアックの影響をうけた作家の一人にちがいない。

２０２１年９月３日
古田一晴

共生経済への希望

求人広告で見つけた雑誌社に転職し、経済雑誌の編集に携わったのは昭和の終わりごろのこと。時はバブル経済拡大期で日本企業は春を謳歌していた。景気のいい原稿ばかりが誌面を飾る中、冷や水を浴びせるようなタイトルの本を書店で見つけた。内橋克人さんの『「**日本自讃論**」**では未来は読めない**』（共著・佐高信、講談社）だ。

『匠の時代』で高度成長期の技術開発の現場を描き、企業と人間の関係をテーマに据えた内橋さんの目は、虚構の経済成長に踊る企業に極めて厳しかった。企業礼賛に終止する経済ジャーナリズムに対しては、「それ自体、経済分野における『ジャーナリズムの不毛性』の表現以外の何であろうか」と批判した。新聞記者出身の内橋さんにしか言えない言葉だと身につまされた。原稿をもらいたくて企画を立てたものの、雑誌には佐高信さんの連載があり、内橋さんの入る余地を作れなかった。

その後日本経済は長い低迷期に入る。失われた10年を経た2003年、**『会社はこれからどうなるのか』**（平凡社）という本が出た。著者は経済学者・岩井克人氏。内橋さんのテーマとの共通性から、「両克人対談」を本にしたらと考えたが、そんな思いつきで本はできない。

やがて岩波書店から**『始まっている未来　新しい経済学は可能か』**が出た。東大で岩井さんを教えた宇沢弘文さんと内橋さんの対談で、そこにこんなくだりがある。「人間が人間として人間らしく生きていくためにこそ（中略）経済の力が必要なのであって、決してその逆ではない」。9月1日、89歳で亡くなるまで、内橋さんの共生経済への希望は揺らがなかった。

2021年10月8日
劉永昇

古びない星新一の世界

郊外で見つかった謎の穴。底に向かって「おーい」と叫んでも、小石を投げ込んでも、反応がない。やがて穴はありとあらゆる廃棄物の投げ捨て場として重宝されるようになるのだが、ある日、青空から「おーい」という声に続いて小石が降ってくる……。ショートショートの神様、星新一が「おーい　でてこーい」を発表したのは、まだ日本に原子力発電所がなかった1958年のことだ。

国家、政治、戦争、企業、人権といった大きなテーマを視野に入れた先見性に富む作品を、問題を提示する筆法でわかりやすく表現した。没後20年以上たっても40冊を超す文庫のほとんどが入手できて、児童向けの選集も編まれている。星新一の世界がまったく古びることなく、老若に親しまれていることのあかしだろう。

『星新一の思想　予見・冷笑・賢慮のひと』（筑摩選書）が刊行された。『「反戦・脱原発リベラル」はなぜ敗北するのか』（ちくま新書）の近著がある評論家の浅羽通明による作品論集だ。コロナ禍以降を生きるための知恵を星新一の膨大な作品群に探っている。最相葉月による評伝『**星新一　一〇〇一話をつくった人**』（新潮文庫）との併読をすすめたい。

『星新一の思想』のあとがきに高井信への謝意が記されている。高井は名古屋在住のSF作家。全作品初出リストを編んで「星新一公式サイト」で公開した。それが役立って本書は生まれた。そういえば小店が星新一サイン会を企画した1985年のこと、作家の自宅に私を案内してくれたのは、すでに作家デビューして東京理科大に在学していた高井君だった。

2021年11月5日
古田一晴

ル＝グウィンの文章読本

『ゲド戦記』などの作品が日本でも高い人気を誇るアーシュラ・K・ル＝グウィンの文章読本が刊行された。『**文体の舵をとれ**』（ステアリング・ザ・クラフト）（フィルムアート社）と題した文章の〈技巧（クラフト）〉を手ほどきする小説教室である。

最高の物語作家による執筆指南は、言語や翻訳の壁を越えて貴重な示唆を与え、読書案内や練習問題もあって実用的に活用できる。興味深いのは巻末に置かれた付録「合評会の運営」だ。生前いくつもの執筆ワークショップを担当した彼女は、合評会は「ライオンの群れ」が互いの技芸（アート）を確認するために不可欠なものと考えていたという。「わたしのなかに、語られたがっている物語がある」とル＝グウィンは語る。技巧を知ることで、「物語に自らを語らせる」ことができるのだ、と。

そのようにして生み出された物語は誰のものなのだろうか。『**テヘランでロリータを読む**』（アーザル・ナフィーシー、河出文庫）には、この問いへの切実な答えが記されている。

同書はイスラム革命後のイランで開かれた女性だけの読書会の記録である。ムスリム原理主義体制下のテヘランで、忍従と屈辱を強いられる女性たちがナボコフの小説『ロリータ』を読み、そのスキャンダラスな物語の中に、彼女たち自身が置かれた現実を発見する。物語の少女が抱く絶望と希望もまた自らの運命と重なり胸が痛んだ。その時、この作品は「私たちの『ロリータ』」になったという。

遠く船出した物語は、読者のもとで何度も生まれなおす。解説に西加奈子が書いている。「小説に体温を与え……息をさせる。つまり命を与える、それは読者にしかできない」

２０２１年12月３日
劉永昇

高橋悠治のボヴァリー夫人

高橋悠治と高橋アキ。いうまでもなくそれぞれ現代日本を代表する兄妹ピアニストだ。

母親の英子（旧姓蔭山）も優れたピアニストだったのは知っていたが、まだ13歳だった昭和初期に「天才少女」として名古屋のオーケストラと共演していたのは知らなかった。『発掘 レトロ洋楽館 松坂屋少年音楽隊楽士の軌跡』（長谷義隆著、あるむ）が教えてくれた。

さて、今回紹介したいのは高橋悠治の新作CD『**物語**』（コジマ録音）だ。文芸作品を踏まえた物語的音楽3編を収録している。その一つに「ボヴァリー夫人のアルバム」がある。これがとてもいい。

ジャン・ルノワール監督が映画「ボヴァリー夫人」に使った音楽とフローベールの原作から抜粋した言葉（邦訳は高橋）とで構成している楽曲で、高橋がピアノ、青柳いづみこが連弾と朗読に参加している。

ヒロインの愛と苦悩の日々を描く17の物語。約30分。映画を思い出しながら聴いているうちに、身も心も浄化されるような気分になる。映画や小説を知っているに越したことはないが、知らなくとも楽しめる。

コロナ禍が小康状態になって街はにぎわいを取り戻した気配だが、はしゃいだ後に脱力感が残るたぐいの音楽とは対極にある作品だ。

『高橋悠治という怪物』（青柳いずみこ著、河出書房新社）も紹介しておきたい。どんな難しい曲でもたちどころに弾いてみせる天才とされ、指先流血演奏事件など武勇伝には事欠かない。そんな高橋の、フリージャズ、演劇、民衆音楽、舞踊など活動多岐にわたる飽くなき表現活動をたどる傑作評伝だ。

2021年12月17日
古田一晴

デズモンド・ツツ

その名前を初めて耳にしたのは、FMから流れてきたマイルス・デイヴィスの新譜からだった。『ツツ』。1986年グラミー賞を獲得したジャズアルバムの名盤だ。タイトルは南アフリカで黒人初の大主教になったデズモンド・ツツの名前から取られている。ツツ氏はアパルトヘイト政策の撤廃を訴える反差別運動のリーダーであり、84年にノーベル平和賞を受けていた。

当時新聞社の学生アルバイトだった私は受賞記事を探して読んだが飽き足らず、書店で本を探し求めた。そして『**南アフリカに自由を　荒れ野に叫ぶ声**』（サイマル出版会）を見つけ、ツツの受賞演説を初めて読んだ。

「黒人が解放されるまで、だれも自由になれない」と、人種差別が引き起こす憎悪の連鎖、暴力の応酬をのりこえ和解への道を説くその内容に、深く感銘を受けたことを覚えている。

ツツの言葉には強さとユーモアが同居している。

「パンくずを拾うことに興味はない。私がほしいのは人権のフルコースだ」「神は罪人をかわいがる。神の基準はかなり低い」「天国が同性愛を嫌悪するなら、私は行かない」

真摯さと笑いが共存するこのセンスが、常に危機的状況を打開してきたのだという。

親交のあったダライ・ラマを訪問し80歳の誕生日を祝った対話録『**よろこびの書**』（河出書房新社）を読むと、ツツが茶目っ気たっぷりにダライ・ラマをイジる様子が微笑ましい。宗教界のカリスマ二人が、心を分かちあい、子どものように笑いあっている。

昨年12月26日、ツツは90歳で亡くなった。なぜか日本では、いまだ氏を知らぬ人が多い。

2022年1月28日
劉永昇

二つの展覧会

年が明けてから二つの美術展を見た。一つは豊田市美術館の「ホー・ツーニェン百鬼夜行展」。もう一つは、三重県立美術館の「杉浦非水デザイン展」。時代も国も異なる作家の、もともと別個の作品展が微妙に重なり、つながりもして、心地よく混乱する不思議な感覚を味わった。

ホー・ツーニェンはシンガポール生まれの現代美術家だ。日本が引き起こした戦争をテーマに、記憶の継承や再編をめざすかのような映像インスタレーションを発表している。新作の百鬼夜行は、東南アジアの戦場で暗躍した帝国陸軍将官やスパイたちを、虎や妖怪に見立てた数編のアニメーションだ。美術展では珍しい大音響の音楽（恩田晃、灰野敬二、Ｐｈｅｗ《フュー》らが担当）が新鮮だった。

杉浦非水は大正から昭和にかけて活躍したグラフィックデザイナー。いまも輝きを失わない数々の作品と併せて、杉浦が撮ったフィルム映像が上映されていた。その一つは、妻とピクニックを楽しむ藤田嗣治をとらえていた。それは、モダニズムがいちばん輝いていた時期の貴重な映像なのだが、少し前に百鬼夜行展を見ていたせいだろうか、日本が突き進む戦争の時代を予感させる不気味な映像にしか見えなかった。

『日本の絵本　100年100人100冊』（広松由希子、玉川大学出版部）が年末に刊行された。100年の冒頭を飾るのは『アヒルトニワトリ』。杉浦非水が絵と装丁を手がけた1912年の絵本だ。多くのカラー図版と広松の平明な解説が、絵本の豊かさを教えてくれる楽しい一冊だ。戦争を乗り越えて続いている表現の世界がここにもある。

2022年2月11日
古田一晴

ウクライナと日本

ウクライナがロシアの侵攻にさらされている。かつて何度も他国の侵略を受けてきたウクライナ人にとって国境は不安定な境界線であり、それゆえ多くの人がそれをまたぎ、世界各地に渡っていった。

日本にやってきたウクライナ人もいる。4歳の時に麻疹で失明したワシリー・エロシェンコは、あんま技術を習得するため1914（大正3）年に来日、東京盲学校に入学した。滞在中、日本語で童話を書き「盲目の詩人」と呼ばれた。彼を援助した「中村屋」創業者・相馬黒光は、日本で最初期にボルシチとピロシキをメニューに加えたが、どちらも代表的なウクライナ料理であった。

エスペラント語の普及にも熱心だったエロシェンコは、社会主義者との交友などを理由に「危険人物」とされ国外追放になる。その後も世界を放浪し、魯迅に招かれ北京にも滞在。魯迅は彼の作品を中国で翻訳出版している。「わたしはどんな政府もうたがったし、その政府に信頼をよせているどんな社会もうたがった」（『エロシェンコ童話集』偕成社）。独立を胸に記すウクライナ人の思いがこの言葉に表れていよう。

ともに破局的原発事故を経験したことはウクライナと日本の苦い共通点だ。キーウ（キエフ）から東京大学大学院に留学したオリガ・ホメンコさんは、著書『**ウクライナから愛をこめて**』（群像社）にチェルノブイリ事故の体験を綴っている。子どもだけが列車に乗せられ学校ごと避難するという異常事態だった。つい最近、彼女の新刊『**国境を超えたウクライナ人**』が出た。発行日は2022年2月5日。現在キーウに住む著者が気がかりだ。

2022年3月11日
劉永昇

遺作集「小野元衛の絵」

松澤宥《ゆたか》の生誕100年記念展を長野県立美術館で見てきた。コンセプチュアルアート（概念芸術）の巨匠。ふるさとの下諏訪町で数学教師をしながら国内外で作品を発表した。地元の美術グループが下諏訪町の各所に展示した松澤作品を楽しんでから、美術館のある長野市へ。世の中がなにかと熱かった70～80年代の記憶がよみがえる一泊の旅だった。

当時、本格的に書店の仕事にかかわりはじめた70年代中ごろのこと、民芸運動を提唱した柳宗悦は私の熱い関心事だった。全集や選集のほか研究書や同時代人の回想本を読みあさり、各地の民芸館を訪ね歩いた。

そのころ、古書目録で『**小野元衛《もとえ》の絵**』という私家版遺作集を手に入れた。柳宗悦が序文と表紙題字を書いていた。1956年刊。限定200部。十数点の絵と追悼文をまとめた50ページほどの本だった。

小野元衛は戦後まもなく27歳で早世した画家だった。本を買った時は知るよしもなかったが志村ふくみさんの実兄だ。

志村さんは文章家として知られている。求龍堂から出した最初の随筆集『一色一生』（のちに講談社文芸文庫）で１９８３年に大佛次郎賞を受賞した。そして、だれもが知っているように志村さんは、柳宗悦に勧められた織物の道をきわめ、１９９０年に紬織《つむぎおり》の人間国宝になった人物でもある。『小野元衛の絵』は、いちだんと愛すべき蔵書になった。

このほど、志村さんの孫が営む京都のギャラリーで「童顔如来　小野元衛」と題した作品展があった。某紙の夕刊に紹介記事が載ったのは展示最終日。時すでに遅し。残念だった。

２０２２年３月25日
古田一晴

小さくあることの決意

ミュージアムショップに行くと、思わぬ本と出会うことがある。「タラブックス」のハンドメイドブックを初めて見たのも、ある美術館のブックコーナーだった。

タラブックスは南インド・チェンナイで1994年に創業した出版社だ。2008年に絵本『**夜の木**』が、ボローニャ国際児童図書展で優れたブックデザインに与えられるラガッツィ賞に選ばれると、その名は一躍世界に知れわたった。手漉《てす》きの紙を用いたシルクスクリーン印刷、製本も手作業の糸かがりという完全ハンドメイド。一冊ずつ風合いが異なるその本づくりは、同一内容大量生産を前提とする出版の価値観をひっくり返した。

『夜の木』は日本でも2012年にタムラ堂より邦訳され版を重ねている。2017年に東京・板橋区立美術館で始まったタラブックスの展覧会は各地を巡回し、ハンドメイドブックの美しさだけでなく、出版社として社会と向き合う独自の姿勢を紹介した。インドの少数民族アートを積極的に取り入れ、出版することでその存在を世に広め、アーティストの収入にもつなげている。そして、それがタラブックスの他の本との違いを創り出してもいる。

〝違う〟ことは「ときに過激で、異質で、常識破り」だが、「あらゆる違いは称賛されるもの」と創業者ギータさんは言う（『**タラブックス　インドのちいさな出版社、まっすぐに本をつくる**』玄光社）。そして「わたしたちはちいさいようという決断をしたんです」と語る。世界が多様性を損なわないために、本はその多様性を失ってはならない。ハンドメイドで小さな出版社の価値は、だから大きい。

２０２２年４月28日
劉永昇

岸本清子という前衛芸術家

7月30日に始まる国際芸術祭「あいち2022」に愛知県ゆかりの物故作家4人が〝参加〟する。生存証明電報作品「STILL ALIVE」が芸術祭のテーマに採用された河原温。野外美術空間「養老天命反転地」で知られる荒川修作。陶芸の領域をひろげた鯉江良二。そして、絵画とパフォーマンスを越境した前衛芸術家の岸本清子《さやこ》だ。

岸本は県立旭丘高校から多摩美術大学に進学し、高校の先輩にあたる赤瀬川原平や荒川修作らとともに、ネオ・ダダイズム・オルガナイザー（ネオ・ダダ）に参加した。扇情的かつ反体制的な表現集団だったネオ・ダダが存在したのは1960年の約半年にすぎない。都営の画廊で開いたグループ展に、小便をかけるなどした作品を出したため、会期中に陳列が中絶し、それが最後のグループ展となったとされている。岸本はグループ唯一の女性作家だった。その後も60年代の前衛芸術シーンで活動した。

79年に名古屋に戻った岸本は、88年に49歳で亡くなるまでの約10年間、「地獄の使者」や「女桃太郎ザムライ」を名乗り、周囲の人々をどんびきさせるほどのエネルギッシュな表現活動を街頭や舞台でくりひろげた。西区のアトリエを松岡正剛さんと訪ねたことがある。代表作品群となる巨大な絵巻を制作中だった。後日いただいたサイン入りスケッチともども大切な思い出になっている。

『ネオ・ダダの逆説　反芸術と芸術』（みすず書房）が7月に刊行される見通しだ。筆者の菅章さんは大分市美術館館長。60年代の日本美術界を騒然とさせた彼らのアバンギャルド性を見渡す熱い一冊となるにちがいない。

2022年5月26日
古田一晴

「書物も弾丸だ」

戦争は私たちから様々なものを奪う。荒廃するのは兵士の心ばかりではなく、飛び交うのは銃弾ばかりではない。戦時下にあっては、「言葉」もまた兵器として戦争に活用される。

日本初の文庫シリーズ「岩波文庫」が創刊されたのは昭和2（1927）年のことだ。夏目漱石『こころ』、樋口一葉『にごりえ・たけくらべ』、トルストイ『戦争と平和』など、国内外の名著を100頁あたり20銭という低価格で発売し好評を博した。「真理は万人によって求められることを自ら欲し、芸術は万人によって愛されることを自ら望む」で始まる有名な「創刊の言葉」は、新時代昭和の初頭に出版の理想をうたう宣言であった。

盧溝橋事件（昭和12年）の翌年には「岩波新書」が創刊される。だがその「創刊の言葉」は様変わりしている。「人類に平和を与え王道楽土を建設することは（中略）東亜民族の指導者をもって任ずる日本に課せられたる世界的義務である」。出版の理想は影を潜め、「挙国一致」「国民総動員」などの戦時用語で埋め尽くされていく。これは岩波書店特有の問題ではない。戦局が厳しさを増すにつれ強まる思想統制の下、「言葉」を世に出すことが役割の出版界は、事業継続のため、すすんでその「言葉」を時局に差し出していったのである。

戦後、岩波新書の「創刊の言葉」は差し替えられ、現在は別の文章が載せられている。今回のコラムのタイトルは、『朝日新聞』昭和18年11月5日付の記事から取った。書物は「思想戦の弾丸」という、戦時下の位置付けを表現した象徴的な言葉だ。ウクライナ戦争という新たな世界戦争下にある現在、忘れてはならない言葉だと思う。

2022年6月30日
劉永昇

脚本家ザヴァッティーニ

ウクライナの広大なヒマワリ畑が映しだされるイタリア映画「ひまわり」が再上映されている。監督はヴィットリオ・デ・シーカ。誰もが知っている。しかし、脚本を書いたチェーザレ・ザヴァッティーニは、それほど知られていない。「自転車泥棒」や「ミラノの奇蹟」をはじめデ・シーカ作品のほとんどの脚本を書き、ロッセリーニやヴィスコンティにも脚本を提供した。つまり彼は、映画史に輝く「ネオレアリズモ」の重要人物だった。

岡田温司の『**ネオレアリズモ　イタリアの戦後と映画**』（みすず書房）が刊行された。ファシズムへの抵抗運動とともに戦時中に生まれて1960年前後まで、世界中の映画作家に影響を与えた新潮流。その作品群と作家群の森に踏み込んでいる。ザヴァッティーニにも存分に触れながら、コメディー、メロドラマ、ドキュメンタリーといったジャンルを軽快かつ大胆に越境した「風通しのいいネオレアリズモの情景」を楽しませてくれる好著だ。

映画批評の名著『**映画とは何か**』（岩波文庫）でアンドレ・バザンが書いている。「デ・シーカなしのザヴァッティーニという例はあっても、ザヴァッティーニなしのデ・シーカという例はない」。言い得て妙だ。ザヴァッティーニが中心にいたネオレアリズモ映画は、たいていのものがDVDになっていて、いま見ても古びた感じがしない。

山形大学映像文化研究所の『**アンドレ・バザン研究**』が第6号で完結した。「原爆の子」「おかあさん」「狂った果実」などを批評したバザンの日本映画論を特集している。優れた企画であるだけに、非売品なのが残念だ。

2022年7月14日
古田一晴

没義道

「没義道《もぎどう》」とは、「人の道に外れたむごい行為」を意味する。「非道」と言い換えてもいい。ルポ『韓国軍はベトナムで何をしたか』(村山康文著、小学館新書)には、もともとこの「没義道」というタイトルが付けられていた。

著者は20年以上にわたってベトナムを取材するフォトジャーナリストだ。ベトナム戦争時に米軍が民間人殺戮を行ったソンミ村を2008年に訪れた村山さんは、そこで韓国軍による虐殺事件のことを知る。以後、村山さんは事件の生存者を探し、証言を記録する取材を積み重ねていった。

ゲリラと見なされ虐殺された人の数は約9000人にのぼるとされる。なぜこれほどの残虐行為が起きたのか、村山さんは韓国に渡って元兵士の取材を試みるが、激しい敵意と拒絶にあう。「民間人は殺していない」という彼らの主張は、被害者の証言と真っ向から対立するものだった。韓国内では1999年『ハンギョレ21』誌が虐殺疑惑を報道、翌年同社を元兵士たちが襲撃する事件が起きていた。韓国でのベトナム戦争は、日本における朝鮮戦争と同じく、経済成長の絶好の機会として正当化されていたのである。

著者は被害者、加害者双方に「辛い記憶を掘り返す意味」「他国の暗部を暴く意味」を問われ自問自答する。ベトナム政府もまた国家間の友好を重視し、謝罪や賠償を求めない〈未来志向〉に立っているからだ。しかし、それは真実の和解なのだろうか。国益の名の下に、犠牲者の救済と加害者の贖罪という未来を奪う行為がここでも繰り返されている。これもまた、もう一つの「没義道」ではないだろうか。

2022年9月8日
劉永昇

桑原滝弥自伝詩集『詩人失格』

「詩のボクシング」に参加したことで詩作に勢いがついた桑原滝弥さんの自伝詩集『**詩人失格**』（私誌東京）が、51歳の誕生日の日付で刊行された。

「詩のボクシング」とは、リングに見立てた舞台で自作の詩を朗読し、どれだけ観客を引きつけたかで勝敗を決める競技会だ。桑原さんは三重県四日市市出身。２０００年の三重県大会で谷川俊太郎さんと出会い、これからも頑張りましょうと声をかけられたのを励みに本格的に詩作に取り組んだ。翌年に名古屋であった第１回愛知県大会では実行委員長をつとめた。私も実行委員の一人だった。

それから20年。桑原さんは雑誌や舞台や映像など多彩な媒体で詩にまつわる活動を展開した。詩を自由に楽しむ谷川俊太郎さんとの競演ライブ「俊読」は15年以上にわたって続き、世代を超えて詩の喜びを広めた。「俊読」をきっかけに講談師の神田京子さんと結婚した。東日本大震災の被災地に何度も夫婦で訪ね、仮設住宅のステージに立った。

そうした活躍ぶりは伝聞していたが、パンクロックに心酔していた青年時代、これほどハチャメチャな生活をしていたことは、本を読むまで知らなかった。一昨年、3歳になった息子と3人で東京から山口県に引っ越していたことも初めて知った。農園を手伝い、詩の講座を開き、マスコミの仕事もしつつ半農半芸の日々を過ごしているという。

「ほんとうは詩が何かなんてわかんない」と息子にあてて書かれた序文を、ぜひ読んでほしい。自伝に対応する十三の詩が収録してある。好みを言うなら「そして祭が生まれる」と「生き際について」に強く引かれるものを感じた。

2022年9月29日
古田一晴

ろう者と聴者が対等に生きた島

その島では誰もが異なる二つの言語を話した。時にそれらは同時に話され、場合に応じて必要な言語を選んで話したという。こう書くとちょっと不思議に思うのではないか。アン・クレア・レゾット『**目で見ることばで話をさせて**』（岩波書店）は、その実在するマーサズ・ヴィンヤード島が舞台の物語だ。

アメリカ東海岸ボストン南東部に位置するこの島では、かつてろう者と聴者がわけへだてなく「手話」と「口話」を使って会話した。伝統的に遺伝的ろう者が多く、物語の年代である19世紀には25人に1人という非常に高い割合で存在した。物語の主人公メアリーもろう者だ。父もそうだが、兄と母は聴者である。家族との会話や教会の説教、村の会合など、日常のさまざまな場面で手話と口話が同時に使われ、時には聴者が手話でひそひそ話をする様子が描かれる。約２６０年間にわたって島民はそうして生きてきた。誰も互いの間に大した違いがあると思っていなかったのだ。ところがボストンからやって来た若者の登場により物語は大きく動きだす。男の「科学的な」まなざしが主人公を絶望の淵に立たせるのだが、それは20世紀に入り優生学者がろう者を島の汚点と烙印を押した史実と重なっている。

ろう者である作者レゾットは、文化人類学者グロースの『**みんなが手話で話した島**』（ハヤカワ文庫ＮＦ）を読み着想を得たという。この本にはろう者と聴者が対等に生きた証言が収録されており、島の〝奇跡〟の秘密にふれることができる。レゾットの本のカバーには、こちらを向き手話で話す少女が描かれている。手話の意味は「互いに伝えあう」（interpret）こと。私たちは、そんなありふれたことになかなか踏み出せない。

２０２２年11月３日
劉永昇

読書案内誌『みすず』の休刊

みすず書房の月刊PR誌『みすず』が、来年8月号を最後に休刊することになった。文字どおり休刊ならば、いつの日か再びということもあるのだろうが、出版業界の近年の勢いをながめると、復刊はどうにも期待薄だ。

すでにいくつか、大きな出版社のPR誌が姿を消すなかで『みすず』は、岩波書店の『図書』、新潮社の『波』、筑摩書房の『ちくま』などとともに、読み応えのある読書案内誌として本好きを楽しませてきた。エッセーや評論など連載の多くが単行本になった。今後は「WEBみすず」(仮称)を来春に立ち上げ、本の情報を提供していくという。

『みすず』といえば年頭恒例の読書アンケート特集が有名だ。毎年、さまざまな分野の専門家に、1年を振り返って印象に残った本を5冊まで短評付きで挙げてもらい、年明けに掲載する。本は新刊でも旧刊でもいい。もちろん出版社も不問だ。

「二〇二二年読書アンケート」（2022年1・2月合併号）では、136人が650を超える本を紹介した。岩波書店『ケルト人の夢』（マリオ・バルガス＝リョサ）、新潮社『ツボちゃんの話――夫・坪内祐三』（佐久間文子）、みすず書房『コード・ガールズ――日独の暗号を解き明かした女性たち』（ライザ・マンディ）など、新刊の何点かに重複があるが、読者の多様な関心と、それに応える本の世界の広さを物語っているようで感心する。

雑誌『みすず』がウェブに姿を変えても、読書アンケート特集号は年に一度、紙の本として発行していくと聞いている。それでもやはり、文字が紙を離れていくのを見るのは寂しいものだ。

2022年12月1日
古田一晴

月刊誌『Journalism』の休刊

雑誌にも寿命がある。注目を浴び一世を風靡《ふうび》した雑誌であれ、いつかその輝きを失う。長く発行が続く雑誌もあるが、創刊当時とはまるで違う姿に変身していることも多い。雑誌は時代の申し子であり、読者の欲求に寄り添うメディアであるからだ。

前にも書いたかもしれないが、雑誌メディアは急速に部数を落としている。1997年の総販売額1兆5600億円をピークに、2021年は約5300億円にまで落ち込んだ。ここ20年で約1兆円もの縮小である。休刊する雑誌は後をたたず、メディアとしての存在意義が揺らいでいるような状況だ。

そんな中、朝日新聞社の月刊誌『Journalism』が3月号で休刊することになった。メディア関係者や研究者、メディア業界志望者を中心に読まれてきた今や貴重なジャーナリズム専門誌だ。毎号とはいかないが気になる号は買っていたし、電子書籍版バックナンバーを求めることもしばしばあった。

1月号の特集は「政治報道は変わったか」。政権が独断で防衛政策の大転換を進める現在、政治報道本来の機能とは何かを問うタイムリーな特集だ。これまでも「入管」「実名と被害者報道」「皇室は持続可能か」など他誌と一線を画す特集を組み、発行元が報道機関であるだけに、自らの問題としてテーマに取り組む姿勢が感じられた。

巻末の「お知らせ」によれば、休刊の背景にはいわゆる活字離れ、印刷物からウェブへのメディア交代がある。今後は雑誌の編集理念を新聞本紙が受け継いでいくと言う。雑誌の持つ読者を巻き込み並走する力を、日刊紙として持ちうるかどうかが問われることになる。休刊にはやむをえぬ事情があるものだが、「またも」と一抹の寂しさを禁じえない。

２０２３年１月26日
劉永昇

高知で見たもの見逃したもの

元日から泊まりがけで、高知県立美術館に合田《ごうだ》佐和子（２０１６年に75歳で死去）の大規模回顧展を見に行った。年末年始の休館明けの２日に展示を見て３日に戻るタイトな日程だったが、作家の出身地での開催とあって、期待していたとおり存分に堪能できる企画展だった。

合田佐和子は１９７０年代以降、唐十郎の「状況劇場」や寺山修司の「天井桟敷」の舞台美術やポスターを手がけたことで知られる。妖《あや》しげで魅惑的な絵は文芸書の表紙なども飾った。91年に朝日新聞朝刊に連載された中上健次の小説「軽蔑」では、目だけを描いた挿絵が話題になった。

会場にはこれらのほか、生活廃品を使った初期のオブジェ、クローズアップレンズを通して見た花や貝の絵、からだの自由がきかなくなった最晩年の色鉛筆画など、合田の全体像を見渡せる作品群が並んだ。展覧会の公式図録『**合田佐和子　帰る途《みち》もつもりもない**』が青幻舎から出ている。

同じ時期、高知市内の県立文学館で上林暁（1980年に77歳で死去）の生誕120年記念展が開かれていた。こちらは見る余裕がなかった。上林は私小説の達人。60歳で二度目の脳溢血を患い半身不随になったが、創作意欲は衰えることなく、妹に原稿の清書や口述筆記をしてもらって書き続けた。

見逃したのは残念だが、またの機会もあるだろう。その際は、市内から海沿いに足摺岬方面に車で2時間、黒潮町の生家近くにある上林暁文学館（大方あかつき館）も訪ねてみたい。『**文と本と旅と―上林暁精選随筆集**』が中公文庫として刊行された。55編が収録されている。

２０２３年２月９日
古田一晴

小説『蚕の王』と袴田事件

東京高裁が「袴田事件」の再審を認める決定を下した。1966年に30歳で逮捕され、68年に死刑判決を受けた袴田巖《いわお》さんは、現在87歳。あまりに遅すぎる再審開始だ。検察は最高裁への特別抗告を断念したが、裁判所に指摘された「証拠捏造の可能性」に強く反発している。

事件が起きた静岡県では、かつて冤罪事件が相次いで起きている。「幸浦事件」(48年)、「二俣事件」(50年)、「島田事件」(54年)では、いずれも死刑判決後に無罪が確定した。

これらの事件の捜査を主導したのは「昭和の拷問王」と呼ばれた刑事紅林麻雄《くればやしあさお》だった。「二俣事件」を題材にした安東能明《よしあき》の小説『**蚕の王**』(中央公論新社)には、拷問による自白強要と供述調書の捏造で無実の少年を殺人犯に仕立てあげるその手法が克明に描かれている。

違法な捜査への内部告発や逆転判決の連続により、紅林刑事は交通整理担当に左遷され犯罪捜査から姿を消す。しかし、その遺伝子は残ったと安東氏は考えている。「袴田事件では、いまだにその残滓《ざんし》を引きずっている」というのだ。「袴田事件」の捜査にあたった羽切平一警部は、かつて紅林刑事のもと「島田事件」の捜査を主導した人物だ。1日平均12時間に及ぶ過酷な尋問、通算わずか32分の弁護士との接見時間。袴田さんは日記に、「罵声を浴びせ棍棒で殴った」「午前2時頃まで交替で蹴ったり殴った」と取り調べで暴力がふるわれたことを記している。

袴田さんを自白に追い込んだのは、捜査機関に伝わる暴力の遺伝子だった。果たしてそれは今、完全に払拭されているだろうか。冤罪は国家機関による犯罪である。被害者を新たに生み出す負の連鎖を絶たねばならない。

2023年3月23日
劉永昇

新宿書房の思い出

出版取次のトーハンが、新宿書房（東京）との取引終了を連絡してきた。直接注文には応じるらしいが、若い頃からのなじみの出版社がメインの流通から降りるのはさみしい。

創業は50年ちょっと前。ブコウスキーやドアーズの「ジム・モリスン詩集」も出せば、市川房枝自伝、原爆の図巡回展と幅広い。急逝した如月小春の戯曲もいち早く手がけている。

一方で「酒文化研究」「見世物」もある。以前、名古屋の大須演芸場で岩田信市さんたちが企画した「見世物」のイベントは4号に採録されている。代表は、村山恒夫。平凡社で10年、百科事典などに携わった後、ひとり出版社を始めた。その回顧録『**新宿書房往来記**』（港の人）が、めっぽう面白い。出版のいい時代。きら星のような人が直接会って結びつき、熱のかけ方も違った。

作家黒川創は、大学生だった頃から出入りしていた。日高六郎の聞き書きを勧め、ずいぶん回数を重ねたが、当時は実らなかった。それでもあきらめず、20年余を過ぎて、「日高六郎・95歳のポルトレ　対話をとおして」に結実した、という具合だ。往来記はホームページ掲載の随筆で、いまも続く。最近も、平凡社で出したマキノ雅弘の回想録の裏話を書いていた。旅館に3カ月缶詰めにし、山根貞男らが聞き書きしたそうだ。

新宿書房の図書目録もユニークだ。巻末の協力者一覧に装丁、イラストレーター、写真家から印刷、用紙、製本の会社名まである。いろんな力を合わせて本を作ったというわけだ。いまではそもそも目録を出さない出版社もある。書店員も客と話しながらパーッと繰り、目当ての本を探し当てるなんて芸当は、めったにしなくなった。それで本を覚えたものだった。

2023年4月6日
古田一晴

国家と時代が翻弄したロイヤルウェディング

日本の皇族・梨本宮方子《まさこ》が朝鮮王族の李垠《イウン》に嫁いだのは、今から約100年前の1920年、日本による韓国併合から10年後のことだった。王世子である李垠は10歳の時にいわば人質として日本に移されており、方子との結婚は「日鮮融和」のための政略結婚だった。

夫婦の数奇な運命は、何度も小説の題材となってきた。古くは張赫宙《チャンヒョクチュ》『**李王家悲史　秘苑の花**』（1950年、世界社）、最近では林真理子の『**李王家の縁談**』（2021年、文藝春秋）などがある。今年4月に刊行された深沢潮『**李《すもも》の花は散っても**』（朝日新聞出版）は、中でも際立っている。

歴史の荒波は垠と方子をのみ込む。三一独立運動、関東大震災と朝鮮人虐殺、毒殺を疑われる父・高宗《コジョン》と息子の死、戦争、さらに二人の暗殺未遂事件まで起きる。日朝のロイヤルウェディングは人々の感情を複雑にかきたて、政府の思惑通りとはならなかった。戦後、朝鮮は解放されたが朝鮮戦争を経て分断国家となり、二人は根を下ろす場所を見失う。国家という強大な力が個人の幸福への願いを踏み潰す、二人の結婚生活は、その〝象徴〟として描かれる。また独立運動家の青年と恋に落ち朝鮮に渡る日本人女性・マサが登場し、歴史の転変を複眼的に描いているのも特徴である。

朝鮮語で運命をパルチャと言う。そして、その悲しみを恨《ハン》と言う。苦難の果てに朝鮮へ帰国した二人は、パルチャからも恨からも解き放たれて生きることを決意する。李垠死後も方子はその遺志を継ぎ、朝鮮人・李方子《イパンジャ》として両国の真の架け橋を目指した。100年というと長い年月のようだが、歴史のほんの一目盛りに過ぎない。いまだ積み残された宿題のあることを、本書から見いだしてほしい。

2023年5月11日
劉永昇

ペヨトル工房が残したもの

名古屋市千種区のライブハウス「Ｔｏｋｕｚｏ」で5月2日に開かれた「今池妖怪ナイト〜第三夜〜」に行った。あいち妖怪保存会の島田尚幸さん、朗読家のｍｉｎａさん、地獄絵研究者の鷹巣純さんが出演した。

鷹巣さんの話は初めてだった。愛知教育大教授で仏教美術の説明はわかりやすく、なぜこの分野の研究者になったのか、という話も面白かった。学生時代、名古屋・今池のウニタ書店で雑誌『**夜想**』のバックナンバーを買ったのが始まり。地獄絵につながる特集があった。

１９８０年代、勢いのあったペヨトル工房（東京）が企画や編集にかかわった雑誌だ。海外の幻想文学や演劇、美術、映画、音楽を紹介し、カセットブック、レコード、ビデオまで出した。若沖ブームの前に、地獄絵にも目をつけた。いまのデジタルの時代には考えられないだろうが、あのころの雑誌は力があった。手に入れると帰宅を待てず、喫茶店で全部読んだものだった。

先取りし過ぎたか、ペヨトル工房は2000年に解散した。2002年、編集者の今野裕一さんが総合監修し、僕もスタッフになって、「Tokuzo」で解散イベントを開いた。ライブやパフォーマンス、トーク、周辺でポスターラリー、ブックフェアもした。あれから20年余。実行委員の一人だった平野勇治氏は亡くなった。彼が支配人だった今池の名古屋シネマテークも7月に閉じる。ウニタが入っていたビルももうない。とはいえ、あの時代は、何かを残したはずだ。

鷹巣さんもその一人なんだろう。トークの休憩中に話した。当時、うちの店にもよく来店されたそうだ。「(ガロ系が置いてあった)漫画の書棚、よかったなあ」。地獄絵からいろんなことを思い出した。

2023年5月25日
古田一晴

ああ麗しいディスタンス

かつては誰にも〝行きつけの本屋さん〟があった。子どものころマンガを立ち読みさせてくれた近所の書店、参考書のお釣りをためて文庫本を買いそろえた書店、街の本屋さんは生活空間における大切なオアシスだったし、書物の深い森への探検を誘う妖しげな門でもあった。

中学生の時、サリンジャーの新刊がどうしても読みたくて、塾の月謝を使い込んだことがあった。当たり前だが、塾からの問い合わせでバレてしまい、親にこっぴどく叱られた。その本を見つけたのがちくさ正文館書店だった。人文書の品ぞろえに引かれて、学校帰りによく立ち寄り、小遣いではとても買えない本たちを眺めていたのだ。

書店で本を買うと書皮《カバー》を掛けてくれるが、ちくさ正文館のそれはとてもかっこよく、墨書された文章が小豆色で印刷されていた。ところどころにじんで読めない部分があるが、末尾の出典は読めるので図書館で調べてみたところ、吉田一穂の「空」という詩だった。「金の子午線に傾斜する東半球を、波うつてゆく生命の天路歴程《エアライン》！」と書き出され、ひたすら羅列されるアトラクティヴな語句にシビレた。全文は、岩波文庫『**吉田一穂詩集**』で読むことができる。後年、店長と知り合い、名前の漢字二文字が吉田一穂と同じであることを発見し、一人勝手に納得した。

　そのちくさ正文館が閉店すると知ってから、去来するのは寂しさよりも無念の思いだ。ドミノ倒しのごとく連続する文化装置の消滅は、名古屋の活力をしばし低下させることだろう。しかし、記憶は継承のための遺産でなくてはならない。感傷的な懐旧を嫌った〈望郷の詩人〉吉田一穂の詩語を再び引きたい。「あゝ麗はしい距離《デスタンス》／つねに遠のいてゆく風景……」（「母」）

2023年6月22日
劉永昇

社会を揺さぶる映画と、本

うちの店を閉じることになった。頭の中がまとまらない。

きょうは、同じ7月末に閉館する名古屋・今池の映画館「名古屋シネマテーク」について語りたい。米映画監督ロバート・アルトマン傑作選が7日まで公開中で、「イメージズ」（1972年）を見に行った。女性作家の幻聴や幻視の世界を描き、狂気を探求した実験的な映画だ。

映像の編集と音に定評がある監督だ。最近も『**ロバート・アルトマンを聴く—映画音響の物語学**』（2021年、せりか書房）という本が出ている。

この映画も日本では初公開だが、サントラ盤が先に出ている。昨年手に入れたばかり。日本の前衛打楽器奏者ツトム・ヤマシタが演奏している。

ヤマシタは、ＹＭＯ登場以前の70年代から英国で注目されており、１９７３年5月、名古屋にも来ている。会場は旧愛知文化講堂だ。武満徹が彼のために作った「カシオペア」も演奏したはず。学生だった僕も聴きに行った。いまも半券をもっている。

シネマテークは土本典昭、小川紳介、原一男らの特集もする。最後に日本の傑作ドキュメンタリーをぶつける。そこに倉本徹代表の思いを感じる。このうち、土本の「水俣の図・物語」（１９８１年）は、水俣を描く画家丸木位里、俊夫妻を追う映画で、初上映のとき、ブックフェアを開いた。事前に埼玉県の丸木美術館を訪ね、夫妻にあいさつした。「原爆の図」を見ずにフェアはできないと思っていた。作家井上光晴を描いた原一男の「全身小説家」（１９９４年）も忘れがたい。プレ講演会に研究書を含め、小型トラックいっぱい井上光晴の本を持ち込んで売った。

倉本さんが、社会を揺さぶる映画をかけるなら、本屋もその全貌がわかるフェアをやる。そういう付き合いをしてきた。

２０２３年7月6日
古田一晴

「ハンチバック」の怒り

第169回芥川賞を受賞した『**ハンチバック**』（文藝春秋）。この作品の放つ言葉が、本にかかわるあらゆる者をたじろかせている。重度障害がある〈当事者〉によって書かれた作品であること。重度障害者の受賞が、知る限り初めてであること。そして本を読み・書くという行為には健常者優位の差別構造があること。『ハンチバック』が突きつけるこれら現実のどれもが、私たちの居心地を悪くさせる。

「私は紙の本を憎んでいた。目が見えること、本が持てること、ページがめくれること、読書姿勢が保てること、書店へ自由に買いに行けること」「特権性に気づかない『本好き』たちの無知な傲慢《ごうまん》さを憎んでいた」

著者・市川沙央が訴える「読書のバリアフリー」は、単に紙か電子かというデバイスの問題ではない。それは無知であることを共有し、無感覚に読者を選別してきた出版界の共犯関係に向けられた訴えでもあるはずだ。

では、日本の電子書籍の状況はどうなっているか。２０２１年度の電子書籍売上は５５１０億円と前年度から約14％増加し、26年には８０００億円市場になると予測される（インプレス総合研究所）。一方でその内訳を見ると、売上の約85％（４６６０億円）がコミックで、また増加した売上の約85％もコミックが占める。文芸書など「文字もの」は全体の約１割に過ぎない。「売れるから」という出版社の経営事情によるのだろうが、極端なコミック偏重の歪《いびつ》な市場であり、まだまだ電子書籍のメリットが生かされているとは言いがたい。

市民に等しく読書の自由を提供することを目指す「読書バリアフリー法」が制定されたのは２０１９年。その４年後に届けられた「ハンチバックの怒り」は、出版界からの答えを待っている。

２０２３年８月３日
劉永昇

「荒蝦夷」の思い

7月末に勤め先が店を閉じ、ずっと片付けに追われたが、ようやく先が見えてきた。土日休みというのも初めての経験だ。

気になっていた**『仙台あらえみし日和　杜の都で本と暮らす』**（プレスアート）を手に取った。仙台市の小出版社「荒蝦夷《あらえみし》」の土方正志さんが河北新報連載の随筆をまとめたもの。

北海道出身で東京で編集者やライターをしていたが、民俗学者の赤坂憲雄が提唱した「東北学」に共鳴し、東北の文化を発信しようと創業。東日本大震災で被災し、山形市の仮事務所でしのいだ後、また仙台に戻った。震災後の出版活動は2012年、出版梓会主催の新聞社学芸文化賞を受賞している。

震災直後、うちの店でも荒蝦夷のブックフェアを開いた。ものやお金を送るよりも本を売ることが支援だと考えた。意外によく売れた。意図を受け止めくれた人が多かったんだろう。その後も震災コーナーは長く続けた。土方さんには愛知県大府市の図書館のイベントでも会った。思いのほか、温厚な人だ。

随筆はめっぽう面白い。取材執筆しながら本を編集し、古本店まで始めている。関心は広く、文学、探偵小説、妖怪、即身仏、旅、映画、写真という具合。フットワークが軽い。地域へのこだわりがすごい。仙台学、盛岡学、震災学といった出版はもちろん、仙台ゆかりの作家伊坂幸太郎、熊谷達也らと交流。地元を巻き込んで文学賞も始めた。埋もれた過去の地城の作家も発掘する。

東京人脈の仕事を続けながら、地元の活動も鮮度やレベルを落とさない。なかなかできることではない。名古屋でできるかな。この地域も出身の作家は多いし、文学賞だってあるんだが……。

2023年9月7日
古田一晴

おわりに

本書の刊行作業の真っ最中に、私の勤める書店の閉店が決まった。業務に追われ、身の置き場のない状態がつづいた。その作業に慣れたころから、ちくさ正文館書店の遺品整理的モードの作業が並行して始まった。

創業者谷口暢宏は、積極的に記録を残したり、書店の現状を語った資料をまとめたりしてこなかった。一九七四年末にPR誌『千艸』創刊（一九八〇年までに九号刊行）。とくに一九八〇年三月までに集中的に六号刊行される。西脇順三郎、塚本邦雄、中井英夫特集号が目を引く。あとがきに「かねてからPR臭のないPR誌を」と谷口は記す。私がアルバイト入社する直前である。

これを糸口にちくさ正文館書店の過去進行形の旅に出ることになる。閉店時にお客様からいただいた熱いメッセージに込められた「場」の大切さに応えられれば。

本連載は、朝日新聞社の佐藤雄二、伊藤智章両氏に大変助けられた。お礼申し上げます。

古田一晴

本書で紹介した本など（50音順）

『愛と勇気で踊りましょ』田中瑞穂,（ZINE）, 2017
『アウシュヴィッツの巻物　証拠資料』ニコラス･チェア/ドミニク･ウィリアムズ, 二階宗人訳, みすず書房, 2019
『あれよ星屑』全7巻, 山田参助, KADOKAWA, 2014
『李王家の縁談』林真理子, 文藝春秋, 2021
『李王家悲史　秘苑の花』張赫宙, 世界社, 1950
『いつだって本と一緒』岩橋淳, 皓星社, 2021
『いのちの初夜』北條民雄, 創元社, 1936（角川文庫, 2020）
『医療現場は地獄の戦場だった！』大内啓, ビジネス社, 2020
『ウクライナから愛をこめて』オリガ・ホメンコ, 群像社, 2014
『映画という《物体X》　フィルム・アーカイブの眼で見た映画』岡田秀則, 立東舎, 2016
『映画とは何か』,アンドレ・バルザン,野崎歓ほか訳, 岩波文庫, 2015
『Mトレイン』パティ・スミス, 管啓次郎訳, 河出書房新社, 2020
『エルヴィス・コステロ自伝』エルヴィス・コステロ, 夏目大訳, 亜紀書房, 2020
『オーウェル評論集』全4巻, ジョージ・オーウェル, 川端康雄ほか訳, 平凡社, 2009
『沖縄アンダーグラウンド　売春街を生きた者たち』藤井誠二, 講談社, 2018（集英社文庫, 2021）
『小野元衛の絵』（私家版遺作集）, 1956
『おみすてになるのですか』杉山千佐子, クリエイティブ21, 1999
『オリヴィエ・メシアンの教室 作曲家は何を教え、弟子たちは何を学んだのか』, ジャン・ボワヴァン, 平野貴俊訳, アルテスパブリッシング, 2020
『音楽プロデューサーとは何か』寺本幸司, 毎日新聞出版, 2021
『オン・ザ・ロード』ジャック・ケルアック, 青山南訳 , 2010
『女たちのテロル』ブレイディみかこ, 岩波書店, 2019
『女のミステリー』（自費出版）, 魔子鬼一, 1977
『カール・クラウス著作集５　アフォリズム』カール・クラウス, 池内紀訳, 法政大学出版局, 1978

『蚕の王』安東能明, 中央公論新社, 2021
『会社はこれからどうなるのか』, 岩井克人, 平凡社, 2003
『書いておぼえる日本国憲法』, 風媒社, 2013
『怪物君』吉増剛造, みすず書房, 2016
『角砂糖の日』山尾悠子, LIBRAIRIE6, 2016
『華氏451度』レイ・ブラッドベリ, 宇野利泰訳, ハヤカワ文庫, 2012
『神殺し・縄文』水谷勇夫, 人間社, 2016
『紙つなげ！　彼らが本の紙を造っている』佐々涼子, 早川書房, 2014
『神を見た犬』ディーノ・ブッツァーティ, 関口英子訳, 光文社古典新訳文庫, 2007
『川渡甚太夫一代記　北前船頭の幕末自叙伝』川渡甚太夫, 平凡社（東洋文庫595）, 1995
『禁じられた郷愁』原佑介, 新幹社, 2019
『近代日本の音楽百年　黒船から終戦まで』1～4巻, 細川周平, 岩波書店, 2020
『空襲と文学』W・G・ゼーバルト, 鈴木仁子訳, 白水社, 2021
『口笛を吹きながら本を売る　柴田信、最終授業』石橋毅史, 晶文社, 2015
『減災と復興　明治村が語る関東大震災』,武村雅之, 風媒社, 2018
『現代語訳　貧乏物語』, 河上肇, 佐藤優訳, 講談社現代新書, 2016
『現代美術終焉の予兆　1970･80年代の名古屋美術界』岩田信市, スーパー企画, 1995
『鯉江良二物語』梅田美津子, 生活の友社, 2020
『工作舎物語　眠りたくなかった時代』, 臼田捷治 左右社, 2014
『合田佐和子　帰る途もつもりもない』合田佐和子, 青幻舎, 2022
『公文書は誰のものか？　公文書管理について考えるための入門書』江澤幸宏、清末愛砂・編, 現代人文社, 2019
『晃平くん「いのちの差別」裁判　重度障害者の〈生命の価値〉を認めて』, 藤本文朗, 中谷雄二, 岩月浩二編, 風媒社, 2016
『荒野へ』ジョン・クラカワー, 佐宗鈴夫訳, 集英社文庫, 2007
『心に刺青をするように』吉増剛造, 藤原書店, 2016
『ＧＯＺＯノート』吉増剛造, 慶應義塾大学出版局, 2016
『国境を越えたウクライナ人』オリガ・ホメンコ, 2022

『こんなに楽しい愛知の100山』あつた勤労者山岳会・編, 風媒社, 1989
『Ｊ・Ｇ・バラード短編全集』全5巻, Ｊ・Ｇ・バラード, 浅倉久志ほか訳, 東京創元社, 2016
『詩人失格』桑原滝弥, 私誌東京, 2022
『詳注アリス　完全決定版』ルイス・キャロル, 高山宏訳, 亜紀書房, 2019
『少年ジェットたちの路地』清水哲男, 風媒社, 1994
『ジョセフ・コーネル　コラージュ＆モンタージュ』ジョセフ・コーネルほか, フィルムアート社, 2019
『白いチョゴリの被爆者』広島県朝鮮人被爆者協議会編, 労働旬報社, 1979
『震災画報』宮武外骨, ちくま学芸文庫, 2013
『新宿書房往来記』村山恒夫, 港の人, 2021
『新編・日本幻想文学集成』全9巻, 国書刊行会, 2016年
『人類が永遠に続くのではないとしたら』加藤典洋, 新潮社, 2014
『図説・17都県放射能測定マップ＋読み解き集』みんなのデータサイト, 2018
『スティーヴ・レイシーとの対話』スティーヴ・レイシー/ジェイソン・ワイス, 小田中裕次訳, 月曜社, 2020
『李の花は散っても』深沢潮, 朝日新聞出版, 2023
『スリップの技法』久禮亮太, 苦楽堂, 2017
『世紀の地獄めぐり』ディーノ・ブッツァーティ , 香川真澄訳, 創林社, 2017
『一九八四年』ジョージ・オーウェル, 高橋和久訳, ハヤカワepi文庫, 2009
『戦争と図書館』清水正三・編, 白石書店, 1977
『戦争は女の顔をしていない』スヴェトラーナ・アレクシエーヴィチ, 三浦みどり訳, 岩波現代文庫, 2016
『仙台あらえみし日和　杜の都で本と暮らす』土方正志, プレスアート, 2023
『その女、ジルバ』全4巻, 有間しのぶ, 小学館, 2014
『大坊珈琲の時間』大坊勝次/キムホノ, 自由空間, 2015
『高橋英夫著作集　テオリア』全８巻, 長谷川郁夫編, 河出書房新社,

2021
『高橋悠治という怪物』青柳いずみこ, 河出書房新社, 2018
『タタール人の砂漠』ディーノ・ブッツァーティ , 脇功訳, 岩波文庫, 2013
『龍彦親王航海記　澁澤龍彦伝』磯崎純一, 白水社, 2019
『種村季弘傑作撰』全2巻, 諏訪哲史編, 国書刊行会, 2013
『タモリと戦後ニッポン』近藤正高, 講談社現代新書, 2015
『タラブックス　インドのちいさな出版社、まっすぐに本をつくる』, 玄光社, 2017
『鎮魂歌（レクイエム）　闇サイト事件・殺人者の手記』堀慶末, インパクト出版会, 2019
『沈黙の春』レイチェル・カーソン, 青樹簗一訳, 新潮文庫, 1974
『つげ義春大全』全22巻, つげ義春, 講談社, 2020
『テヘランでロリータを読む』アーザル・ナフィーシー , 市川恵里訳, 河出文庫, 2021
『伝記　オリヴィエ・メシアン』上・下, 藤田茂訳, 音楽之友社, 2020
「東京スカイツリーの麓で ―あるコンゴ人難民の受難の物語」（←ルポ）, 小野正嗣,『新潮』2016年11月号, 新潮社
『東北、そして本のはなし』土方正志,『ちくま』521号, 筑摩書房, 2014.8.
『読書について』ショーペンハウエル, 鈴木芳子訳, 光文社古典新訳文庫, 2013
『なごや子ども貧困白書』子ども＆まちネット編, 風媒社, 2016
『「日本自讃論」では未来は読めない』内橋克人＋佐高信, 講談社文庫, 1987
『日本ショートショート出版史　星新一とその時代』高井信, 2017
『日本の絵本　100年100人100冊』広松由希子, 玉川大学出版部, 2021
『日本のブックカバー』書皮友好協会・監修, グラフィック社, 2016
『日本文化を語る』周作人, 木山英雄訳, 筑摩書房, 1973（『日本談義集』東洋文庫, 平凡社, 2002）
『ネオ・ダダの逆説　反芸術と芸術』菅章, みすず書房, 2022
『ネオレアリズモ　イタリアの戦後と映画』岡田温司, みすず書房, 2022
『始まっている未来　新しい経済学は可能か』宇沢弘文・内橋克人,

岩波書店, 2009
『ハンチバック』市川沙央, 文藝春秋, 2023
『ヒロシマ・ピョンヤン　棄てられた被爆者』伊藤孝司, 風媒社, 2010
『貧乏物語』河上肇, 岩波文庫, 1965
『文章読本』吉行淳之介・編, 中公文庫, 2020
『文体の舵をとれ　ル=グウィンの小説教室』アーシュラ・K・ル=グウィン, 大久保ゆう訳, フィルムアート社, 2021
『文と本と旅と　上林暁精選随筆集』上林暁, 中公文庫, 2022
『ペスト』アルベール・カミュ, 宮崎嶺雄訳, 新潮文庫, 1969
『ペスト』アルベール・カミュ, 三野博司訳, 岩波書店, 2021
『へろへろ』鹿子裕文, ナナロク社, 2015
『偏愛蔵書室』諏訪哲史, 国書刊行会, 2014
『星新一　一〇〇一話をつくった人』上・下, 最相葉月, 新潮文庫, 2010
『星新一の思想　予見・冷笑・賢慮のひと』浅羽通明, 筑摩選書, 2021
『本屋と図書館の間にあるもの』伊藤 清彦/内野 安彦, 郵研社, 2021
『「本屋」は死なない』石田毅史, 新潮社, 2011
『ほんやら洞日乗』甲斐扶佐義, 風媒社, 2015
『盆踊りの戦後史 「ふるさと」の喪失と創造』大石始, 筑摩選書, 2020
『迷い鳥』ロビンドロナト・タゴール, 川名澄訳, 風媒社, 2015
『見捨てられた初期被爆』Study2007, 岩波書店, 2015
『ミステリ読者のための連城三紀彦全作品ガイド』浅木原忍, 論創社, 2017
『水谷勇夫と舞踏「蟲びらき」をひらく』, 人間社, 2020
『南アフリカに自由を　荒れ野に叫ぶ声』デズモンド・ツツ, 桃井健司・近藤和子訳, サイマル出版会, 1985
『ミニコミ戦後史』丸山尚, 三一書房, 1985
『みんなが手話で話した島』ノーラ・エレン・グロース, 佐野正信訳, ハヤカワ文庫ＮＦ, 2022
『村山槐多全作品集』（展覧会図録）, 村山槐多, 求龍堂, 2019
『室伏鴻集成』室伏鴻, 河出書房新社, 2018

『名文を書かない文章講座』村田喜代子, 葦書房, 2000
『目で見ることばで話をさせて』アン・クレア・レゾット, 横山 和江訳, 岩波書店, 2022
『モンドくん』, 奥村門土, PARCO出版, 2014
『吉田一穂詩集』吉田一穂, 岩波文庫, 2004
『吉田健一』長谷川郁夫, 新潮社, 2014
『夜の木』バッジュ・シャームほか, 青木恵都訳, タムラ堂, 2012
『よろこびの書』デズモンド・ツツ＋ダライ・ラマ, 菅靖彦訳, 河出書房新社, 2018
『李朝残影』梶山季之, インパクト出版会, 2002
『路上の熱量』藤井誠二, 風媒社, 2019
『ロバート・アルトマンを聴く　映画音響の物語学』山本祐輝, せりか書房, 2021
『我が詩的自伝　素手で焔をつかみとれ！』吉増剛造, 講談社現代新書, 2016
『わが町・新宿』田辺茂一, 紀伊國屋書店, 2014
『忘れられた詩人の伝記　父・大木惇夫の軌跡』宮田毬栄, 中央公論新社, 2015
『私のティーアガルテン行』平出隆, 紀伊國屋書店, 2018
『私は本屋が好きでした　あふれるヘイト本、つくって売るまでの舞台裏』永江朗, 太郎次郎社エディタス, 2019

古田一晴（ふるた　かずはる）
ちくさ正文館書店店長。１９５２年名古屋市生まれ。74年にちくさ正文館書店にアルバイト入社して以来、本店に勤務。大学を卒業した78年に正式入社して現在に至る。２０２３年７月ちくさ正文館書店閉店。

劉　永昇（りゅう　えいしょう）
風媒社編集長。１９６３年名古屋市生まれ。早稲田大卒。雑誌編集、フリー編集者を経て95年に人文社会書籍出版の「風媒社」（同市中区大須）に入社。98年から編集長。雑誌『追伸』同人。著書に『関東大震災　朝鮮人虐殺を読む　流言蜚語が現実を覆うとき』（亜紀書房）等。

装幀　三矢千穂

本の虫　二人抄《ににんしょう》

２０２３年10月12日　初版第１刷発行

著　者　古田一晴　劉永昇
発行者　ゆいぽおと
〒461-0001
名古屋市東区泉一丁目15-23
電話　０５２（９５５）８０４６
ファクシミリ　０５２（９５５）８０４７
https://www.yuiport.co.jp/
発行所　ＫＴＣ中央出版
〒111-0051
東京都台東区蔵前二丁目14-14
印刷・製本　モリモト印刷株式会社

内容に関するお問い合わせ、ご注文などは、すべて右記ゆいぽおとまでお願いします。
乱丁、落丁本はお取り替えいたします。

ISBN978-4-87758-562-4 C0095

ゆいぽおとでは、
ふつうの人が暮らしのなかで、
少し立ち止まって考えてみたくなることを大切にします。
テーマとなるのは、たとえば、いのち、自然、こども、歴史など。
長く読み継いでいってほしいこと、
いま残さなければ時代の谷間に消えていってしまうことを、
本というかたちをとおして読者に伝えていきます。